児童養護施設と障害児施設の
子どもと職員へのインタビュー調査から

独立子どもアドボカシーサービスの構築に向けて

堀 正嗣 編著

栄留里美
久佐賀眞里
鳥海直美
農野寛治

解放出版社

はじめに

「(アドボケイトが)いると思う。施設の先生でも、ぐちとかまぁあるけど、そういうことを言ったら、しばらくその威圧かけてきたりするから、純粋に話を聴いてくれるだけの人がいたら楽かなと。ちょっともめたりして言い返したりしたら、お前、何ぐじゅぐじゅ言うてんねんとか、で、だれーってそんな感じになるから」

「真ん中の立場に立つのはさ、先生とか誰でもできるやん。でも、自分の味方をしてくれるのってあんまりおらんやん、だから、自分オンリーがいい」

「友だちとかにいじめられたりしても、そのいじめた子が『言うなよ』みたいなことを言ったら、(職員に)言いたいねんけど、言ったらまたいじめられるから言いたくないというのもある」

「荒れてるときとか。職員に言えないとか(中略)言えないときとかは、言ってほしい……日中、学校帰ってから勉強しているんですけど、眠たくなったら寝ていいやんって思ったりして、(職員に)言いたくなるんですけど、全然言えない」

「アドボケイトが来ることによって、『作業所でずっと体罰受けてるんです』とか言うたら、それは対応してくれるんちゃうかなって。そこで直るんちゃうかとか」

　これらは、私たちのインタビュー調査で語られた児童養護施設・障害児施設で生活する子どもたちの声である。私たちは、施設で生活する子どもたちの声を聴き、また子ども自身が関係するおとなにそれを伝えることを支援し、必要な場合には代弁をすることで、子どもたちの権利を擁護する新たなサービスを創り出したいと考えている。それが独立子どもアドボカシーサービスである。イギリスで生まれ発展してきたものであり、日本にはこれまで存在していない画期的なサービスである。

独立子どもアドボカシーサービスの拠り所となるのが、子どもの権利条約（児童の権利に関する条約）第12条に規定された意見表明権である。この条文では以下のように規定されている。

　1　締約国は、自己の意見を形成する能力のある児童がその児童に影響を及ぼすすべての事項について自由に自己の意見を表明する権利を確保する。この場合において、児童の意見は、その児童の年齢及び成熟度に従って相応に考慮されるものとする。
　2　このため、児童は、特に、自己に影響を及ぼすあらゆる司法上及び行政上の手続において、国内法の手続規則に合致する方法により直接に又は代理人若しくは適当な団体を通じて聴取される機会を与えられる。

　本条文の英語正文では、意見をviewと記している。この言葉には、論理的に表現された「見解」(opinion)だけではなく、「気持ち」(feeling)を含めたすべての「思い」が含まれている。たとえば、生まれたばかりの乳児や言葉を話さない障害児も、泣いたり笑ったりして自分の「気持ち」を表現している。この「気持ち」の表現も含めて「意見」ととらえることができるのである。すなわち「意見」には、「考え」、「希望や要望」はもちろんのこと、その時々の「感情」、「不満や苦情」などのすべてが含まれているのである。自分に関わる事柄について、そのような「意見」を子どもたちは自由に表明する権利がある、またその「意見」を聴かれ考慮される権利がある、そのことがこの条約第12条に記されているのである。
　子どもの権利条約第12条第1項のメッセージは、子ども自身が自己に関わるさまざまな問題を自分で考え、自分で決め、意見を表明する力と権利を持つ存在であるということである。つまり従来の保護されるという子ども観から、権利行使の主体としての子ども観に転換するということである。また子どもの権利条約の第12条第2項には、「聴かれる権利」(right to be heard)

が保障されている。意見表明権を保障するためには、子どもに関するすべての事柄を決定する際に、「聴かれる権利」を子どもに保障しなければならないのである。

そして子どもが権利行使主体として意見表明権を行使できるようにするためには、おとなによる支援が不可欠である。守られる権利及び育つ権利を保障することと同時に、社会の構成員として子どもがさまざまな意思決定に参加し、年齢や成熟度、障害などの条件に応じて意見を形成し表明できるようにするため、子どもはおとなから支援を提供される権利を有しているのである。そのため障害者権利条約第5条には、「(障害児の意見表明権を実現するための) 障害及び年齢に適した支援を提供される権利を有する」ことが規定されている。

こうした「子どもの意見表明権」を保障するため、英国では子どもの福祉に関わるさまざまな公的会議への子ども自身の参加と意見表明権が保障されており、それを見せかけの参加に終わらせず実質的に意味あるものするために独立子どもアドボカシーサービスが制度化されている。私たちは日本の子どもたちにも、このようなサービスが必要だと考えている。

2016（平成28）年、児童福祉法が改正され、以下の条文が規定された。

第1条　全て児童は、児童の権利に関する条約の精神にのっとり、適切に養育されること、その生活を保障されること、愛され、保護されること、その心身の健やかな成長及び発達並びにその自立が図られることその他の福祉を等しく保障される権利を有する。

第2条　全て国民は、児童が良好な環境において生まれ、かつ、社会のあらゆる分野において、児童の年齢及び発達の程度に応じて、その意見が尊重され、その最善の利益が優先して考慮され、心身ともに健やかに育成されるよう努めなければならない。

これにより、「子どもの最善の利益」と「意見表明権」が国内法でようや

く法定化されたのである。この改正を受けて、子どもの権利擁護の強化と意見表明権を保障する新たな政策の検討が厚生労働省により進められつつある。児童養護施設や里親、支援が必要な家庭の子どもが自身の処遇など行政対応に疑問や不満を持った時、相談を受け付けて調査する第三者機関を都道府県児童福祉審議会に設置する方針を厚生労働省が明らかにしたことは大きな動きである。このような第三者機関と連携して、民間の権利擁護機関が独立子どもアドボカシーサービスを提供することが、福祉サービスを利用している子どもたちの権利を守る効果的かつ現実的な方法であると私たちは考えている。

　また、厚生労働省の下に設置された「新たな社会的養育のあり方に関する検討会」がとりまとめた「新しい社会的養育ビジョン」(2017 年 8 月 2 日) は、随所でアドボカシー支援の必要性を指摘し、訪問アドボカシー制度の創設に関して以下のように記載している。本書に収録した私たちの研究は、まさにこの社会的要請に応えようとするものである。

　　また、社会的養護を受けている子どもに関しては定期的に意見を傾聴し、意見表明支援や代弁をする訪問アドボカシー支援などが可能になる子どもの権利擁護事業や機関を創設することが必要である。(p.45)[「Ⅲ．新しい社会的養育ビジョンの詳細」「4．代替養育」「(7) 代替養育における養育の質の確保」「(2) 子どもの意見表明権の保障、アドボケイト制度の構築」]
・社会的養護を受けている子どもへの訪問アドボケイト事業に関し、モデル事業（平成 31 年度）を行い、それに基づき制度を構築する。（必要な財源を確保し、できるだけ早期に実現）【国】
・上記の提示を受けて各都道府県で子どもと関係機関に周知して開始する【都道府県】（平成 32 年度）(pp.55-56)[「Ⅳ．新しい社会的養育ビジョンの実現に向けた工程」「6．子どもの権利擁護」]

本書では主として、児童養護施設と福祉型障害児施設を想定して、独立子どもアドボカシーサービスの構築を試みる。児童養護施設は、児童福祉法に規定されている児童福祉施設で、「保護者のない児童、虐待されている児童その他環境上養護を要する児童を入所させて養護する施設」である。福祉型障害児入所施設は、児童福祉法に規定されている児童福祉施設で、「保護、日常生活の指導及び独立自活に必要な知識技能の付与」を行う施設である。

児童養護施設に子どもが入所する手続きの際には、都道府県・指定都市等の児童相談所を通じて措置されることとなっている。子どもの家庭や生活環境におけるさまざまな課題を考慮し、子どもの最善の利益に叶うよう、判断がなされる。福祉型障害児入所施設については、保護者による虐待や養育拒否等の場合は措置、それ以外の場合には保護者の利用契約により入所することになっている。

厚生労働省は、5年ごとに児童福祉施策を考える基礎資料を得るための実態調査として、「児童養護施設入所児童等調査」を行っている。直近の平成25年度の調査では、児童養護施設に入所している子どもの平均年齢は11.2歳で、入所時点での子どもの平均年齢は6.2歳、平均在所期間は4.9年となっている。子どもが施設に入所する理由では、一般的に虐待とされている「放任怠惰」、「虐待酷使」、「棄児」、「養育拒否」をあわせた入所理由が37.9％（前回の平成20年度調査では33.1％）で、「被虐待経験あり」の子どもが59.5％（前回53.4％）と、虐待を受けた子どもの増加が見られている。

一方、福祉型障害児入所施設に入所している子どもの年齢構成は、日本知的障害者福祉協会(2016)「平成26年度全国知的障害児入所施設実態調査報告」によれば、入所時点の年齢で最も大きな割合を占めるのが15歳の10.6％、次いで6歳の9.9％である。平均在所期間は5年〜10年未満が21.6％と最も多い。措置率（措置により入所した子どもの比率）は、全国平均で44.0％であるが、都道府県により措置・契約の判断に大きな差があるのが特徴である。

さて、このように幼少学童期に、施設に入所する子どもたちの思いは、ど

のように聴かれ考慮されているのだろうか。子どもの権利条約の第12条2項の規定からすれば、入所の判断にあたっては、子どもの意見を「聴かれる権利」が保障されなければならない。現在、子どもが施設に入所する段階で、児童相談所、施設の職員が、「子どもの権利ノート」をもとに、子どもの権利や施設入所についての説明をし、子どもの意見を聴取する機会が設けられている。しかし、障害児施設においては、そもそも「子どもの権利ノート」が一部の施設でしか配布・説明されていない現状がある（本書143頁参照）。また「子どもの権利ノート」が配布され、それにもとづいて説明と意見聴取が行われた場合にも、施設に入所する段階で、親や家庭の課題を正確に認識し、自身のこれからの生活のあり方を考え、まとまった意見を述べることは難しい。

　施設に入所した後に持つ、さまざまな「意見」に対しては、苦情として受け付ける仕組みが置かれた。施設では、自由に苦情を書き投函できる「意見箱」を設置すること、子どもたちの苦情を受け付ける施設職員担当者を配置すること、都道府県等の行政に直接はがき等で苦情を申し立てること、子どもの施設内自治会活動などのことを通じて職員に「要望」を述べる機会が持たれている。しかし自分の「意見」を表現するにあたって支援を必要とする子どもたちは、これらの制度があっても、「思い」を「声」にできていないのではないだろうか。

　このような入所時及び入所後の施設での生活において、子どもたちの「意見」をしっかりと聴き意見表明を支援することためのサービスが、私たちが創出をめざす「施設訪問アドボカシー」（Residential Visiting Advocacy）である。

　英国では「施設訪問アドボカシー」（以下原則として「訪問アドボカシー」と略す）は、「独立子どもアドボカシー」（Independent Children's Advocacy）の一部である。「独立」とは「行政からもサービス提供団体からも独立し、これらと利害関係を持たない第三者」を指している。アドボカシーサービスは障害者、高齢者、患者等さまざまな人たちを対象としているので、子ども（21歳

未満）を対象とするサービスであることを明確にするため「子どもアドボカシー」と称している。そして、この子どもアドボカシーは、子どもが、施設での生活やケアに対して意見（懸念や苦情を含む）を表明する場合や、公的会議（児童保護会議や再検討会議など）において子どもの参加と意見表明を支援する際に、不可欠のサービスとして提供されている。これは課題基盤アドボカシー（Issue Based Advocacy）ないしケースアドボカシー（Case Advocacy）と呼ばれている。施設で生活している子どもたちには、これに加えて、アドボケイトの定期訪問による「施設訪問アドボカシー」が提供されている。これは、施設で生活しているすべての子どもたちを対象に、子どもの声に耳を傾け、子どもの意見が関係者に届くように支援し、その実現を図るものである。そして個別のアドボカシーが必要な課題に直面している子どもの場合には、自らケースアドボカシーを展開するか、適切なアドボケイトを紹介する。

　以上を踏まえて、「施設訪問アドボカシーとは、第三者による施設等への定期訪問による子どもを対象としたアドボカシーサービスである」と本書では定義する。本文中では、子どもを対象とするアドボカシーサービス全般を指す場合には「子どもアドボカシー」と表記し、「訪問アドボカシー」と区別する。なお英国における訪問アドボカシーの詳細については第3章3を参照していただきたい。また独立アドボカシーを提供する専門職は「アドボケイト」と呼ばれているため、訪問アドボカシーの担い手を「訪問アドボケイト」と表記する。

　読者の皆様には、日本で初めての独立子どもアドボカシーサービス構築を目指して、子どもと施設職員の声に耳を傾けて、新たなサービスを創り出すというエキサイティングな目標に私たちと一緒に挑んでいただければ幸いである。

2017年6月

執筆者一同

もくじ

はじめに………………………………………………………………………i
子ども向け調査報告書………………………………………………………14

第Ⅰ部　研究の概要と背景

第1章　本研究の目的と概要
　1　本研究の目的…………………………………………………………24
　2　本研究の概要…………………………………………………………25

第2章　日本の子どもアドボカシー研究における本研究の位置
　1　子どもアドボカシーに関する研究状況……………………………28
　2　「権利代弁機能」の具現化……………………………………………28
　3　英国調査及び日本での構想研究……………………………………30

第3章　英国の施設訪問アドボカシーの概要
　1　子どもアドボカシーの必要性と意味………………………………33
　2　訪問アドボカシーの概要……………………………………………35
　3　アドボカシーの原則…………………………………………………38
　4　独立子どもアドボカシーの先進性…………………………………38

第Ⅱ部　児童養護施設における職員・子ども調査

第4章　児童養護施設職員から見た子どもの権利擁護の現状
1　予備調査の目的と方法……………………………………………42
2　アンケート調査結果の概要………………………………………43

第5章　児童養護施設職員にとっての訪問アドボカシー導入の
　　　　　ニーズ・懸念・資質
1　調査の目的と方法…………………………………………………51
2　訪問アドボカシー導入のニーズ…………………………………53
3　訪問アドボカシー導入への懸念…………………………………66
4　アドボケイトに求められる資質…………………………………79
5　アドボケイトの施設入所経験あるいは勤務経験が及ぼす影響
　　……………………………………………………………………88
6　考察…………………………………………………………………89

第6章　児童養護施設入所児童にとっての権利擁護制度の現状
1　調査の目的と方法…………………………………………………96
2　入所児童へのインタビュー調査から見た権利擁護制度の現状………100
4　考察…………………………………………………………………109

第7章　児童養護施設入所児童にとっての訪問アドボカシー導入の
　　　　　ニーズ・懸念・資質
1　訪問アドボカシー導入のニーズ…………………………………112
2　訪問アドボカシー導入への懸念…………………………………118
3　アドボケイトに求められる資質…………………………………122
4　考察…………………………………………………………………125

第Ⅲ部　障害児施設における職員・子ども調査

第8章　障害児施設職員にとっての訪問アドボカシー導入の
　　　　　ニーズ・懸念・資質

1　障害児施設職員からみた権利擁護の現状…………………………………140
2　調査の目的と方法……………………………………………………………144
3　訪問アドボカシー導入のニーズ……………………………………………148
4　訪問アドボカシー導入への懸念……………………………………………156
5　アドボケイトに求められる資質　…………………………………………162
6　障害児施設における訪問アドボカシーの今日的意義……………………166

第9章　障害児施設入所児童にとっての訪問アドボカシー導入の
　　　　　ニーズ・懸念・資質

1　調査の目的と方法……………………………………………………………170
2　訪問アドボカシー導入のニーズ……………………………………………172
3　訪問アドボカシー導入への懸念とアドボケイトに求められる資質
　　……………………………………………………………………………………176
4　障害児施設における職員と子どもの認識の差異…………………………180

第Ⅳ部　日本型独立子どもアドボカシーサービス提供モデルの構築

第10章　独立子どもアドボカシーサービス提供体制
1　独立子どもアドボカシーサービスの位置づけと提供体制 …………………184
2　サービス提供のプロセス……………………………………………185
3　アドボケイトの養成…………………………………………………192
4　アドボケイトの雇用…………………………………………………197
5　アドボケイトのスーパービジョン……………………………………199

第11章　アドボカシーの実践方法
1　アドボカシー実践の全体像…………………………………………202
2　権利に関する啓発の実践方法………………………………………204
3　子ども参加の促進の実践方法………………………………………207
4　傾聴の実践方法………………………………………………………208
5　個別アドボカシーの実践方法………………………………………210
6　守秘義務の取り扱い…………………………………………………211
7　権利侵害への対応の実践方法………………………………………213
8　制度改善の実践方法…………………………………………………214
9　障害児アドボカシーの独自性………………………………………216

第 12 章　サービス提供の制度的基盤の確立
1　新たな制度に向けた政策提言の条件……………………………………221
2　既存の制度における訪問アドボカシーサービスの位置づけと留意点
　　………………………………………………………………………………226
3　訪問アドボカシーサービスの制度の実施主体と実現可能性
　　………………………………………………………………………………230

あとがき………………………………………………………………………………237

　・研究協力機関・協力者一覧……241
　・執筆者紹介……242

子ども向け調査報告書

〈子ども向け調査報告書〉

－こどもたちの声を聴き、とどける－
アドボカシーとアドボケイト

施設で暮らすこどもたちの声と権利を大切にするために
アドボカシー研究会調査報告書

けんきゅうだいひょうしゃ
研究代表者

くまもとがくえんだいがく　　　　ほり　まさつぐ
熊本学園大学　　　堀　正嗣

調査に協力してくださったみなさまへ
ありがとうございました。

はじめに・お礼とともに…。
この報告書について…

　私たちアドボカシー研究会は、「施設でくらすこどもの声と権利を大切にするためにはどうすればいいか」を考えています。

　２０１４年の夏に児童福祉施設の職員さん35人、２０１５年の夏に児童福祉施設でくらすこどもたち25人（児童養護施設3か所）と障害児施設でくらすこどもたち6人（障害児施設2か所）にお話を聞きました。
　協力していただきましたみなさんにお礼を申し上げるとともに、聞いた内容をここにご報告します。

★ こどもの声

「いやなことがあってもがまんする…
だれかに、やつあたりすることがある」

「いえない子、かんけいがわるくなるので
いわない子がいるよ…」

相談できる人がいない

そうだんしょのワーカー
・いい話ならききたい
・あまり面会ない
・担当がかわることよくある

施設職員（しせつしょくいん）
・声かけてくれてうれしかった
・ときに、まるめこまれる
・ルールをおとなだけで決めないで…

苦情対応・第三者委員（くじょうたいおう・だいさんしゃいいん）
・知らない
・しゃべったことない

意見箱（いけんばこ）
・希望がとおったことがある
・でも、対応がおそいことも
・直接職員にいうほうが早い

してほしいこと

- とくべつにかかわってくれる味方がほしい
- わたしにとって大事なときに聞いてほしい
- おとなが勝手にルールを決めないで
- 自分が正しいか、意見がほしいこともある
- すぐに対応してほしい
- 気持ちをじっくり聞いてほしい…

★ 施設の職員さんにも聞きました…

- ひとりひとりの こどもに、しっかりとかかわりたいが、時間がない
- いじめとかを こどもの声から発見できたらいいとおもう
- ひとりひとりの こどもの思いや気持ちを知りたい
- 親の面会のないとき、特に多くのおとなが かかわってほしい
- ついつい、こどもに きびしいことを言ってしまう…

★ そこで、わたしたちは…

施設の職員以外で、こどものひみつ*を守りながら、こどもの声**をとどける人がいたらいいなぁと思いました。

イギリスでは、そういう人 がいます。日本でもそのような人がいたらと考えています。

アドボケイトって呼んでいるよ

*人の命や犯罪にかかわることを、ひみつにするわけにはいかないけど…。
**声／「きもち」「考え」「嫌なこと」「してほしいこと」…

★ でも、…

そのような人について、心配なことがあることもわかりました。

こども…

- そのような人とうまく話せるかなぁ
- まわりのひとたちと関係が悪くならないかな
- ちゃんと、ほんとうに自分だけをみてくれるのか
- ひみつをどこまで守ってくれるのだろう（つるんでいたら、こわいよね）…

職員…

- こどもについて、知らないことがふえないか
- ぜったいに、ひみつにするって大丈夫か
- こどもの希望を聞いて実現しなかったら失望しないか
- こどもたちには、アドボケイトの役割がわかりにくいのではないか

子ども用調査報告書

 障害児施設の こども に聞いてみました

してほしいこと

- しんどいときに話しを聴いてもらえるかも
- 自分から言うことができないことを、職員に言ってもらったら気持ちよく生活できる
- ひとりの職員が虐待したら、みんなもして歯止めがかからないから、アドボケイトを呼んできて、とめてもらいたい
- こどもが体罰をずっと受けている場合には、その人が対応

心配なこと

おとなは信用しづらい

（アドボケイトが話を職員に伝えてしまったら）

職員の態度が変わってくるとか、僕にあたってくるとか

このような人が話しやすい

秘密を大事にしてくれる人

笑顔でこたえてくれる人

- ちゃんと話をきいてくれる人

障害をもっている人のほうが話しやすい

障害者の進路のことをわかっている人

障害児施設の職員さんにも聞いてみました

してほしいこと

- こどもへのちがった見方を職員に教えてほしい
- 職員にアドバイスがほしい
- こどもが職員に言えないことを聴いてほしい

心配なこと

- こどもといっしょに生活しないと、こどもの思いはわからないのではないか
- 言葉をもたない重度の知的障害のこどもたちは、どのようになるのだろう
- 施設を訪問したときに、こどもがそれまでどのように過ごしていたのかわからない

このような人に聴いてほしい

- しっかりとコミュニケーションのとれる人
- 障害がある人
  - →頑張れば同じような活動ができると、こどもが感じることができるから
  - →こどもにアドバイスができるから

アドボカシーとアドボケイト

このように、たくさんの意見を聞けて、私たちは、ますます

アドボケイトが必要だと思いました。また、施設の職員さんたちも

こどもたちの声を聴き、不満や、いろんな思いを受けとめてくれる

こどもと職員のあいだに入ってくれる

アドボケイトが必要かも…と考えています。

そのような仕事を「アドボカシー」といい、そのような仕事をする人を「アドボケイト」と、イギリスやカナダでは呼んでいます。

- 権利を伝える
- 思いを伝えられるように支える
- 気持ちを聴き、いっしょに考える
- かわりに伝えたり、間に入る
- いじめの発見
- 施設や児童相談所をよくする

みんなの声を大きくしてとどけるマイクみたいだ

第Ⅰ部
研究の概要と背景

第1章　本研究の目的と概要

　本章では、私たちが訪問アドボカシーの研究に取り組もうとした背景と目的、研究の概要（研究のプロセス・特徴・調査の全体像）を示す。

1　本研究の目的

　本研究は、英国の訪問アドボカシーに学んで、日本の児童福祉施設（児童養護施設・障害児施設）における独立子どもアドボカシーサービス導入のニーズと課題を実証研究により明らかにし、提供モデルを構築することを目的としている。その際、全国に先駆けて「子どもの権利ノート」を導入するなど先駆的に子どもの権利擁護に取り組んでおり、また子どもアドボカシーサービス提供事業創設を準備している公益社団法人が存在する大阪府下の児童福祉施設（児童養護施設・障害児施設）を対象に研究を行った。そのことによって、日本では未確立の児童福祉施設における外部アドボカシー導入の可能性を検証し、児童福祉施設における新たな権利擁護システムのモデルを構築しようとしたのである。

　日本政府は、保護、教育といった子ども固有の権利に加え、意見表明権などの参加権を保障した国連子どもの権利条約を 1994 年に批准した。さらに 2000 年の社会福祉基礎構造改革によって、サービス利用者の自己決定権や選択権がより重視されるようになった。障害児支援においては、障害者権利条約批准、障害者虐待防止法及び障害者差別解消法の制定等により、当事者の意思決定支援や権利擁護・代弁の重要性が高まっている。しかしながら、日本政府は 2010 年に、国連子どもの権利委員会より「児童相談所を含む児童福祉サービスが子どもの意見をほとんど重視していないこと」を懸念され、

対策を講じるように勧告を受けている。

　従来から児童福祉施設に入所中の子どもたちの権利擁護の仕組みについては、「子どもの権利ノート」、苦情解決制度、第三者評価事業、被措置児童等虐待対応への取り組みなどが行われてきている。しかし、それでも子ども同士の加害・被害、子どもの問題行動による施設職員の疲弊、職員による子どもたちへの不適切な関わりが散見される状況にある。被措置児童等虐待事案として都道府県への報告義務も置かれ、2013年度の児童福祉施設内虐待の通告受理件数は288件で過去最多となった（厚生労働省：2014）。施設入所児童が苦情などを表明するシステムに欠陥がみられるために、この数字も氷山の一角であると考えられる。日本においては児童福祉施設の閉鎖性があり、権利擁護の仕組みが十分に機能していないのである。私たちは、日本において独立子どもアドボカシーサービスを導入することがこうした状況を改善するうえで有効であると考え本研究に取り組んだ。

　本研究の具体的な研究課題は下記のように設定した。

（1）福祉施設入所児童の権利擁護の現状把握――権利擁護システムの現状・効果・課題の解明
（2）日本版独立子どもアドボカシーサービス導入のためのアセスメント――独立子どもアドボカシーサービス導入のニーズとバリアーの解明
（3）日本版独立子どもアドボカシーサービス提供モデルの策定――独立アドボケイトの養成、児童福祉施設及び行政機関との契約締結、訪問面接、守秘、危機介入、スーパービジョン、評価、財源等を含めた提供モデルの構築
（4）日本版独立子どもアドボカシーサービス提供モデルの評価

2　本研究の概要

　本研究は、民間団体の公益社団法人子ども情報研究センターとの協働研究であり、施設入所経験者、障害当事者の参加を得て行う当事者参加型研究で

ある。このような研究手法も日本では前例のないものである。施設入所経験者が入所児童に面接調査を実施することは、子どもが意見や気持ちを表現しやすいピアリサーチ実践としても捉えられ、深いニーズの把握とエンパワメントに寄与することが期待された。

　研究の推移は**表1－1**及び**図1－1**のとおりである。2013年度には、日本及び英国の文献研究及び研究者・当事者を招聘しての研究会を開催し、訪問面接調査に向けた準拠枠及び作業仮説を構築した。また、児童福祉施設等への予備調査を実施し、調査方法の決定、調査マニュアルの作成、対象施設の選定、調査票の作成等、調査実施の準備を行った。2014年度には、施設職員を対象とする調査票を用いたアンケート調査及び訪問面接調査を実施し、調査結果の分析を行った。2015年度には、児童養護施設入所児童へのグルー

表1－1　研究の推移

月	事項（2013年度）	事項（2014年度）	事項（2015年度）
4		研究会	研究会
5	研究会	研究会	研究会
6	研究会	職員予備調査［アンケート］（図1－1－③）	児童養護施設入所児童調査（図1－1－⑤）
7	研究会	研究会	
8	研究会、職員予備調査［インタビュー］（図1－1－①)		研究会、報告書完成・送付　障害児施設入所児童調査（図1－1－⑥）
9	研究会	研究会、職員調査（図1－1－④）、日本子ども虐待防止学会報告	研究会
10	研究会		
11	研究会（講師：長瀬正子氏）、職員予備調査［インタビュー］（図1－1－②）	研究会	研究会
12	研究会（講師：障害児施設経験者）	研究会	内部検討会
1	研究会		外部検討会、調査研究報告会
2	CVV対象説明会	研究会	研究会
3	子情研対象説明会	研究会	研究会、報告書完成・送付

プインタビュー及び障害児施設入所児童への個別インタビューを行った。その分析をふまえて、日本版独立子どもアドボカシーサービス提供モデルを構築し、外部検討会・研究報告会の開催により研究結果を広く公表するとともに、「日本版独立子どもアドボカシーサービス提供モデルの評価」を行った。なお実施した調査はすべて調査協力者の同意を書面により得ている。またすべて熊本学園大学研究活動適正化委員会の承認を得ている。

図1－1　調査の全体像

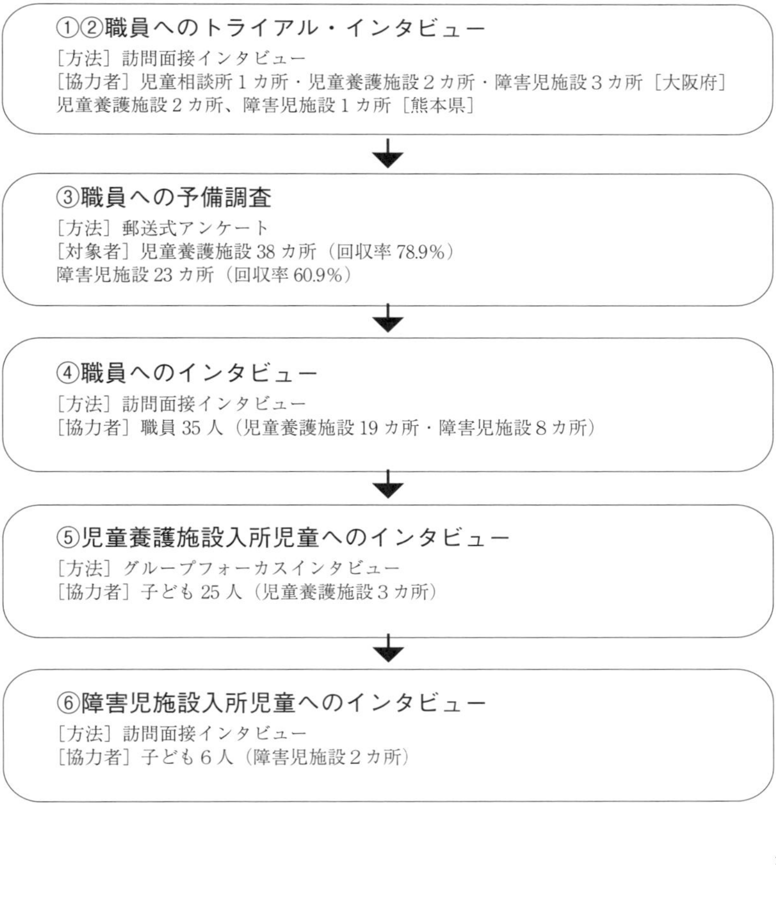

①②職員へのトライアル・インタビュー
［方法］訪問面接インタビュー
［協力者］児童相談所1カ所・児童養護施設2カ所・障害児施設3カ所［大阪府］
児童養護施設2カ所、障害児施設1カ所［熊本県］

③職員への予備調査
［方法］郵送式アンケート
［対象者］児童養護施設38カ所（回収率78.9％）
障害児施設23カ所（回収率60.9％）

④職員へのインタビュー
［方法］訪問面接インタビュー
［協力者］職員35人（児童養護施設19カ所・障害児施設8カ所）

⑤児童養護施設入所児童へのインタビュー
［方法］グループフォーカスインタビュー
［協力者］子ども25人（児童養護施設3カ所）

⑥障害児施設入所児童へのインタビュー
［方法］訪問面接インタビュー
［協力者］子ども6人（障害児施設2カ所）

第2章 日本の子どもアドボカシー研究における本研究の位置

本章では日本の子どもアドボカシー研究において、本研究がどのような位置付けになるのか、その関係性を示す。そのうえで、本研究に至った経緯を述べる。

1 子どもアドボカシーに関する研究状況

先行研究のレビュー（栄留 2015）によれば、子どもの「権利擁護」、「参加」、「アドボカシー」に関する論文は 63 であった。それらは、①社会的養護当事者団体の参加に関する研究、②国連子どもの権利条約の視点からの「権利擁護」の研究、③「権利擁護」を行う専門家の役割に関する研究、④障害者分野でのアドボカシー研究からの援用、⑤家事事件における子どもの手続き代理人に関する研究に分類できる。

本研究は端的に言って、②と④に関係が深い。本研究は②の国連子どもの権利条約の視点における「権利擁護」の中でも、とりわけ許斐有が提唱した「権利代弁機能」に位置付けられ、そして④の障害者分野で行われてきた「セルフアドボカシー」に依拠したアドボカシーを志向している。

2 「権利代弁機能」の具現化

許斐有は法学研究で展開されている子どもの権利論を援用し、社会福祉領域での子どもの権利擁護を研究したパイオニア的存在である。許斐は、子どもの権利を保障するためには「①人権救済を申し立てるシステム、②子ども自身がその権利を主張もしくは行使できないときに、子どもの権利を子どもの立場に立って代弁するシステム（「代理人もしくは適当な団体」の設置）、③

第三者的立場から調整するシステム」（許斐1991：54）が必要であると述べた。日本の社会的養護では、①③については、児童相談所や施設長が任命する第三者委員、第三者評価といった既存機関が想定できる。しかし②に特化した権利擁護システムはほとんど見当たらない。②を許斐は「権利代弁機能」と名づけ、次のように定義している。

　　子どもが話したいことを自ら話せるように支持・援助する（エンパワーメント）とともに、必要な場合には、子どもの依頼または承諾を得て、子どもの思いや意見を代わって表明することである。このような権利代弁機能が用意されていなければ、意見表明権は実質的な権利とはならない（許斐 2000：157）。

このように、許斐の考える権利代弁機能は、「エンパワーメント」と、必要な場合には子どもの思いを代弁するという2つの要素により定義づけられている。許斐（2000：157）はこの権利代弁機能を重要とする理由を2つ挙げている。第1に、子どもの能力と発達段階にもよるが、「自分の思いや考えなどを整理して意見表明するのは、なかなかむずかしい」ことや、「言葉を獲得している子どもであっても誰かのサポートを必要とする場合が少なくない」ためである（許斐 2000:157）。第2に、「大人との力関係」に言及している。

　　大人との力関係では、多くの場合子どもは弱い立場にあるので、子どもが対等に大人（あるいは大人たち）に立ち向かうことは、ほとんど不可能に近いことである。このような場合に、アドボキット（advocate）と呼ばれる大人（ときとして年長の子ども）が子どもに寄り添うことで、子どもは安心して自らの意見表明をすることができるようになる。自分ひとりでそれができないときには、アドボキットによって自分の意見を代弁してもらうことができる（許斐 2000：157）。

このように、子どもの能力や「大人」との力関係から子どもが話せない環境になっていることを認識し、許斐は子どもの意見表明の支援が必要だと考えている。そして、その支援には、子どもが話しやすいよう支持・支援する「エンパワーメント」が求められている。ここまでみてくると権利代弁機能は、施設職員や児童相談所職員等の、日常業務に含まれていると言えるであろう。

ただ問題は子どもが、施設職員や児童相談所に不満を持っている、あるいは対立関係になった場合、その「代弁」は誰が行うかという点である。特に保護者による代弁に期待しづらい、社会的養護下で暮らす子どもには、「代弁」の制度化がとりわけ必要である。日本では世界的に見て、この「代弁」に関する研究・制度化が遅れている。

本来、許斐は「子どもの立場にだけに立って代弁するアドボカシー」が子どもの権利代弁には必要であると述べていた（許斐 2001：243）。中立的立場ではなく、子どもの立場に立つことを徹底すべきであり、「オンブズパーソンはもともと中立的な立場に立つべきものではないのだろうか」とオンブズパーソンとの差異に触れ、アドボカシーのみを行う「アドボキット」（アドボケイト）が望ましいことを述べた。本研究は、許斐が位置づけた「権利代弁機能」を児童福祉施設において具現化しようとする試みである。

3　英国調査及び日本での構想研究

本研究班代表者である堀正嗣は、アドボカシーがもつ問題点は「パターナリズムに転化」（堀 2009：21-2）する危険性であると指摘した。

　　パターナリズムの立場では、当事者の価値を低く見積もり、「どうせ何もわからない」「本人に発言させたり決めさせるのは可哀そうだ」という見方に立って、家族や専門職が当事者の処遇を決めてきた。それに対して、当事者主体のアドボカシーの考え方では、当事者の意思（自己決定）こそが尊重されるのである（堀 2009：22）。

代理人アドボカシーは、セルフアドボカシーから乖離(かいり)するとき、パターナリズムに転化し、当事者を依存させ無力化する、その意味ではセルフアドボカシーに依拠し、当事者のエンパワメントにつながるものだけが真のアドボカシーであるということができる（堀 2009：23-4）。

　すなわち、アドボカシーの本質はセルフアドボカシーであると堀は述べる。自己の権利のために訴えを行い周囲はそれを支えるという、障害者運動の分野では語られてきたことであるが、子どもの分野では述べられてこなかった概念である。
　このような許斐の権利代弁機能、及び障害者分野の理論を基に、堀・栄留は、英国調査で子ども分野の「アドボカシーサービス」の制度に関する研究を行ってきた。
　独立したアドボカシーの先進地である英国では、判断能力に制約がある人を支援するためのアドボカシー（知的障害者を対象とする独立意思能力アドボカシー［IMCA］、精神障害者を対象とする独立精神保健アドボカシー［IMHA］、子どもアドボカシーサービス［ICA］）が制度化され、意思決定／意見表明支援・虐待防止・ケアの質の向上に成果を上げている。
　本研究は、英国のアドボカシーサービスを日本に導入することにより、施設で暮らす障害児を含めた子どもの領域で新たな権利擁護システムの構築を目指すものである。
　英国におけるアドボカシーについては、菅（2010）をはじめ多数の研究者が研究を進めている。しかし、子どものアドボカシーについては日本ではあまり明らかにされていない。したがって、堀は障害児のアドボカシー、栄留は社会的養護に関するアドボカシーを英国の現地調査を行うなかで進めてきた（堀・栄留 2009；堀編著 2011：2013；栄留 2015）。
　2012年に英国のアドボカシー研究者とアドボケイト実践者を東京・大阪に招聘したときの講演録、そして福祉・教育・保育・保健の分野でアドボカシー

を日本で導入することを構想した論文を収録した著書もある（堀編著 2013）。この著書には本研究の研究分担者である農野、久佐賀、鳥海も執筆し、日本において想定される場面を具体的に述べている。

　このように日本における実践構想は行ってきたが、これらは主に英国の制度・実践から示唆された研究であり、日本の児童福祉施設で働く現場の方々、ならびに当事者である子どもたちの声を踏まえて構想したものではなかった。本研究はこれまでの構想研究が、現場にとってニーズがあるか、あるとすればどのような提供体制が望ましいか、実証的に研究し構想の具現化を図っていくものである。

文献

栄留里美（2015）『社会的養護児童のアドボカシー――意見表明権の保障を目指して』明石書店.

堀正嗣（1998）「障害者運動におけるアドボカシーと子どもアドボカシー」『子ども情報研究センター研究紀要』15, 59 - 70.

堀正嗣・栄留里美（2009）『子どもソーシャルワークとアドボカシー実践』明石書店.

堀正嗣編著，栄留里美，河原畑優子，Jane Dalrymple（2011）『イギリスの子どもアドボカシー――その政策と実践』明石書店.

堀正嗣・子ども情報研究センター編、栄留里美，中村みどり，定者吉人，鳥海直美，大森順子，国松裕子・山下裕子，久佐賀眞理，長瀬正子，農野寛治，二見妙子他（2013）『子どもアドボカシー実践講座――福祉・教育・司法の場で子どもの声をどう支援するか』解放出版社.

許斐有（1991）「児童福祉における『子どもの権利』再考――子どもの権利条約の視点から（今日の児童問題と児童憲章40年――高齢化社会のなかで〈特集〉）」『社会福祉研究』52, 49 - 55.

許斐有（2000）「子どもの権利擁護システムの必要性と課題――児童福祉分野での子どもの権利保障実現に向けて」『社会問題研究』49 (2), 143 - 164.

許斐有（2001）『子どもの権利と児童福祉法　社会的子育てシステムを考える』信山社.

菅富美枝（2010）『イギリス成年後見制度にみる自律支援の法理――ベスト・インタレストを追求する社会へ』ミネルヴァ書房.

第3章　英国の施設訪問アドボカシーの概要

　本章では私たちが研究のモデルとした英国における子どもアドボカシー及び訪問アドボカシーの概要を示す。本研究は英国において取り組まれている訪問アドボカシーを日本に導入しようとするものである。

1　子どもアドボカシーの必要性と意味

　本研究の出発点となったのは、英国（イングランド・ウェールズ）の独立子どもアドボカシーサービスとの出会いである。英国で独立子どもアドボカシーサービス提供が基礎自治体に義務づけられたのは、2002年の児童法（Children Act 1989）改正によってである。同時に、保健省により「子どもアドボカシーサービス提供のための全国基準」（DoH 2002）（以下、「全国基準」とする）が発表された。この全国基準の序文で、保健省大臣のスミス（Jacqui Smith）は以下のように述べている。

　　アドボカシーは子どもを保護し、虐待と貧弱な実践から子どもたちを守る。過去においては、子どもが発言しようとしても聞いてもらえない場面があまりにもしばしばあった。こういったことは受け入れがたいことである。政府がアドボカシー実践のための全国基準を開発した理由はここにある（DoH 2009：166）。

　独立子どもアドボカシーは、施設内虐待などの援助過程における子どもの権利侵害への対応のなかで注目されてきた。それらから子どもたちを守り、ケアの質を向上させるうえで大きな効果があることが明らかになり制度化さ

れたのである。そして、子どもを権利行使主体として認識し、重度障害児や乳幼児を含めてすべての子どもの「意見表明権」（子どもの権利条約 12 条）を支援しようとしている点が画期的である。

　英国では、すべての人を独立した権利主体として尊重しようとする政策が展開されてきた。そのために必要とされるのは、判断能力に制約がある人々に対する意思決定支援とアドボカシーである。知的障害者や認知症高齢者等に対しては、2005 年意思能力法（Mental Capacity Act 2005）により「独立意思能力アドボケイト」(Independent Mental Capacity Advocate) が制度化された。これは、重大な医療行為や施設入所等において、本人の意向や見解を本人に代わって表明するものである。意思決定者は、それを尊重することが義務づけられている。また 2007 年に改正精神保健法(Mental Health Act 2007)によって「独立精神保健アドボケイト」(Independent Mental Health Advocate）も制度化された。

　子どもアドボカシーもそうした施策の系統に位置づけられるものである。子どもに対して独立した専門的なアドボカシーが必要な理由は、子どもは成長発達の過程にあるため、判断能力に制約がある場合があるからである。第 2 に子どもは施設利用などさまざまな契約の主体になれないことなど、法的に権利が制限されているからである。第 3 に子どもを価値の低い存在とみる伝統的な子ども観（アダルティズム）の影響により、子どもの声は無視／軽視される傾向にあるからである。さらに障害児は、子どもであることと障害があることで二重の抑圧を受けており、アドボカシーの必要性は高い。

　特に福祉サービスを利用している子どもには、施設入所や支援計画の決定などに関する公的会議（児童保護会議・再検討会議・ファミリーグループカンファレンス等）において、または苦情申し立ての際に、意思決定者が子どもの意見や願いを聴取して尊重するためにアドボケイトが支援している。さらに施設において、子どもたちの困りごとや懸念に耳を傾け、その解決を支援するために、訪問アドボケイトが派遣されている。本研究において主として参照したのは、この訪問アドボケイトである。

第3章　英国の施設訪問アドボカシーの概要

2　訪問アドボカシーの概要

英国では施設等で生活する子どもたちのために、独立訪問員（Independent Visitor）及びアドボケイトという2つのサービスがある。代表的なアドボカシー団体の一つであるバーナードズのパンフレット（Barnardo's 年不明）によれば、両者の役割は以下のようなものである。

・独立訪問員

　独立訪問員は行政機関に所属していないおとなであり、行政によって育成されている子どもたちを訪問し、仲良くなり、アドバイスすることを目的としている。それゆえ、独立訪問員は、彼らのケアプランに記載されている子どもたちの健康、ウェルビーイング、最善の利益を促進することを目的としている。

　再検討会議において、ケア下にある子どもに独立訪問員の利用を促すことは法的義務である。このサービスはケア下にある0歳～18歳（障害がある場合は24歳まで）の子どもが利用できる。親族との定期的な接触がほとんど、あるいは、まったくない子どものためのサービスである。

　これは長期にわたる関係性である。独立訪問員には2年間の継続的な訪問が求められる。

・アドボケイト

　アドボケイトは、意思決定が行われる際に子どもの声が聴かれるように支援する人であって、行政やサービス提供団体から独立している。アドボケイトは子どもが会議の過程を理解できるように支援する。アドボケイトは子どもが意見、希望、気持ちを自分で伝えられるようにエンパワーする。あるいは子どものために彼らの希望を代弁する。

　0歳から21歳までのすべての傷つきやすい子どもたちがアドボケイトを利用できる。障害があると判定された子どもたちを含めて、ケア下の子どもたち、リービングケアの子どもたち、ニーズのある子どもたちが利用

できる。子どもは自分に関する計画策定や決定が行われる際に、アドボケイトを依頼することができる。これは短期の関係性である。

ここに示されているように、独立訪問員はケアプランに記載されている子どもの最善の利益等を促進することを目的としている。具体的には、施設などを定期的に訪問し、一緒に遊んだり、外出したり、遊園地に行くなどの交流を行う。アドボカシーを行うことではなく、一人ひとりの子どもの友達または味方になること（befriending）が主目的である。

一方、アドボケイトは子どもの意見表明権の保障を目的としている。この二つの役割は明確に区別されている。

また独立訪問員は基本的にボランティアであり、高い専門性は求められない。一方アドボケイトは原則として有償で行われており、専門性が求められる。アドボケイトの財源は、行政からの委託が主であるが、民間の基金等も活用されている。

アドボカシーサービスを行っている大手チャリティー団体は、「施設訪問アドボケイト」（Residential Visiting Advocate）を派遣している。その概要は、代表的なアドボカシー団体の一つであるコーラムボイス（Coram Voice 2016）によれば以下のようなものである。

訪問アドボカシーとは

　コーラムボイスは1988年から公的ケアの下で生活している子どもに対して訪問サービスを提供してきた。私たちは、学校の寄宿舎、児童養護施設、触法障害児施設（secure psychiatric units）、里親等の全国のさまざまな場所に、子どもたちが行政やサービス提供団体等のシステムから独立した人と話すことができ、また支援を受けることができるようにするための訪問アドボカシーサービスを提供してきた。

　このサービスのねらいは、行政からもサービス提供団体からも完全に独立した人の定期訪問により、ケア下にある子どもたちをエンパワーし保護

することである。定期訪問によって、アドボケイトは子どもたちとの間に信頼関係を築く。そして、子どもたちの願いと気持ちを表現する能力を高め、子どもたちにとっての紛争や困難を解決し、自分たちの生活に関わる決定に子どもたちが参画できるように支援する。

支援方法：
・訪問アドボケイトは生活施設を定期訪問する――通常２週間に１回。
・子どもへのサービス提供団体と連携する。
・訪問アドボケイトはアドボカシー管理者からスーパーバイズを受ける。管理者は半年ごとのサービス評価を行う。

訪問アドボケイトの資質：
・子どもに関する専門的な仕事の経験がある。
・子どもとも専門職とも協力して仕事を行うことができる優れた対人関係能力がある。
・子どもの権利と行政の法的責任に関する知識がある。
・ケア基準と施設の法的義務に関する知識がある。

訪問アドボケイトの業務：
・子どもが感じている困り事や心配事を傾聴する。
・子どもが問題を解決できるように支援する。通常はスタッフと連携する。
・「子どもアドボカシーサービス提供のための全国基準」に従う。
・子どもの権利を促進する。

　訪問アドボケイトは、定期的に施設等を訪問するという点では独立訪問員と同じだが、訪問目的は異なる。「子どもたちの願いと気持ちを表現する能力を高め、子どもたちにとっての紛争や困難を解決し、自分たちの生活に関わる決定に子どもたちが参画できるように支援する」ことが目的なのである。教育雇用省の「整理しよう――1989年児童法の下で苦情申し立てを行う子どもへの効果的アドボカシー提供のための手引き」では、この活動が子どもたちから評価を受けていると述べて、大手のチャリティー団体に限らず訪問

活動を推奨している（DfES 2004：17-8）。

　アドボケイトの訪問は、障害児施設の場合は週1回から2週に1回程度、児童養護施設の場合には2週に1回程度1名の担当アドボケイトが施設を訪問する形で行われている。ユニットのすべての子どもたちと知り合い、子どもからの相談を受ける。そして、子どもと施設職員等の話し合いに同席して意見表明を支援したり、懸念や願いを代弁している。

3　アドボカシーの原則

　独立性、守秘、子ども中心、エンパワメントが基本原則とされている（Darlymple 2011：218-229）。施設や行政から独立した第三者であるから、ロイアリティのジレンマに陥ることなく、純粋に子どもの立場に立って代弁を行うことができると考えられている。また子どもや他者への危害が及ぶ場合、子どもの許可があった場合を除いて、子どもから得た情報はサービス提供団体外（施設職員や行政機関にも）には漏洩しないという厳格な守秘を行う。そして、「アドボケイトは子どもの表現された許可と指示の下にのみ行動する」（全国基準1．2）（DoH 2009：171）という徹底した子ども中心の支援を展開する。さらに、子どもがアドボケイトに依存するのではなく、自分自身で発言できるように、そして自信や力を回復できるように支援するエンパワメントを原則としている。

4　独立子どもアドボカシーの先進性

　システムアドボカシーとともにケースアドボカシーを行う国内人権機関は、北欧を起源とする子どもオンブズマン、カナダの州子どもアドボケイト、イギリス（連合王国）の子どもコミッショナーなど各国に存在する。しかし施設で生活する子どもたちへの日常的なアドボカシーサービスを普遍的かつ継続的に提供し、また福祉サービスに係る意思決定における参加と意見表明を強力に支援しているという点では、英国の独立アドボカシーの制度と実践は先進的である。

第3章　英国の施設訪問アドボカシーの概要

　英国においては、すべての援助過程において子どもの参加と意見表明を支援することが制度化されている。子どもの処遇を決める重大な公的会議（児童保護会議・再検討会議等）にも子どもの参加が権利として認識され促されている。その参加を見せかけのものにすることなく、意味あるものにするため、アドボカシーが行われているのである（堀 2011）。

　日本においてもすべての援助過程において子どもの参加と意見表明が保障されるように法律・制度・実践の見直しが根本的には求められる。そうした中で、アドボカシーの導入は検討されるべきである。しかしながら、現状において実現可能性が高くまた緊急に求められるものは、「訪問アドボカシー」であると考えられる。私たちはその制度と実践に示唆を受けて、本研究に取り組むことになったのである。

文献

Barnardo's（年不明）*Barnardo's CIVAS - Cornwall Independent Visitor and Advocacy Service*.

Coram Voice（2016）*Visiting Advocacy*（http://www.coramvoice.org.uk/professional-zone/visiting-advocacy,2016/03/04）

Darlymple, J（2011）Development and recent challenges of children's services in the UK - Children's Advocacy＝（堀正嗣・河原畑優子訳「英国における子どもアドボカシーサービスの発展と今日的課題」堀正嗣編著『イギリスの子どもアドボカシー』明石書店，217-233.）.

DoH〈Department of Health〉（2002）*National Standards for the Provision of Children's Advocacy Services*. London: Department of Health Publications.（＝2009,堀正嗣訳「子どもアドボカシーサービス提供のための全国基準」堀正嗣・栄留里美『子どもソーシャルワークとアドボカシー実践』明石書店,165-192）.

DfES（2004）*Get it Sorted: Providing Effective Advocacy Services for Children and Young People Making a complaint under the Children Act 1989*. DfES Publications.

堀正嗣編著（2011）『イギリスの子どもアドボカシー』明石書店.

第Ⅱ部
児童養護施設における職員・子ども調査

第4章 児童養護施設職員から見た子どもの権利擁護の現状

　児童養護施設への訪問アドボカシーの重要な目的は、子どもの権利擁護である。そこで私たちは、児童養護施設で暮らす子どもの意見表明権の保障などに関わる現状について明らかにするための予備調査を行った。本章では、予備調査で行ったトライアル・インタビューと郵送アンケート調査の概要を説明する。

1　予備調査の目的と方法

　今回の研究では、本調査に入る前の郵送アンケート調査を行うことを考えたが、さらにそれ以前に、郵送アンケート調査項目の検討と児童養護施設の現状についての知見を得るために、任意の協力が得られた児童養護施設4カ所と児童相談所1カ所において、施設職員へのトライアル・インタビューを行った。なお、この予備調査をはじめるにあたっては、児童相談所の所長会議における行政内部での口頭説明と了解および施設長会議における研究者からの口頭説明と了承を得た。また、郵送アンケート調査は熊本学園大学研究活動適正化委員会の承認を得たうえで実施した。

　トライアル・インタビューで得た知見をもとに、私たちは次のアンケート質問項目を構成した。①子どもの意見や思いをどのように聴いているか（8項目）、②運営管理にかかわる取り組み（6項目）、④個別支援にかかわる取り組み（3項目）、⑤権利擁護制度の活用（7項目）、⑥多様な社会資源の活用（2項目）の計26項目である。

　回答選択肢は、「子どもの意見や思いをどのように聴いているか」については「十分にできている」から「まったくできていない」の4段階にて、「運

営管理にかかわる取り組み」、「個別支援にかかわる取り組み」、「権利擁護制度の活用」、「多様な社会資源の活用（2項目）」については実施の有無と、その効果について「十分効果がある」から「まったく効果がない」の4段階を用意した。また、子どもの思いや意見を聴くための工夫や困難について自由記述での回答も求めた。さらにアンケート調査票のなかに、研究者が後日、施設を訪問して再度、訪問アドボカシーのあり方に関する意見について、インタビューをさせていただけるかを尋ねて、職員へのインタビュー調査につなげることとした。

　アンケート郵送調査の対象は、大阪府内のすべての児童養護施設38カ所とし、調査票の送付にあたっては、大阪府内の子ども家庭センター、大阪市こども相談センター、堺市子ども相談所、大阪府社会福祉協議会児童施設部会に事前説明および協力依頼を行った。

　調査期間は、2014年7月1日～9月1日とし、施設長または苦情受付担当者に回答を依頼した結果、回収率は79.0％（30カ所）であった。なお回答者30人の内訳は、施設長9人、苦情受付担当者19人、不詳（記入漏れ）2人であった。

2　アンケート調査結果の概要

（1）子どもの意見や思いをどのように聞いているか

　郵送アンケート調査の冒頭では、施設で子どもの意見や思いをどのように聴いているかについて尋ねた。その結果、意見表明権の周知と意見の考慮については、ある程度できているという評価がある一方、子どもの表現方法への思いをまとめる支援や個別的励まし、特にコミュニケーションにおける特別な支援については、あまりできていないと評価が低い傾向があった。

（2）子どもの意見や思いを聴く取り組みの実践状況について

　つぎに、子どもの意見や思いを聴く取り組みの実践状況について運営管理という側面から尋ねた。具体的には、自立支援計画作成時等に、子どもの思

いや意見がどのように扱われているかを尋ねた。策定会議への子どもの出席状況や、聴取された子どもの意向を子どもにフィードバックするということについては、不十分であることが示唆された。また、子どもの意見を聴く過程で体験されるジレンマが存在し、具体的には、時間的余裕のなさ、子どもの意向がその子どもにとっての最善の利益と反する時があること、子どもの思いや意見を聴いても、施設職員の不足や社会資源の不足などによって、実現する見通しがもてないことなどが多数あげられている。

また、子どもの意見や思いを聴く取り組みの実践では、すべてにおいてある程度の効果を認めているが、その中でも比較的、子どもたちの自治会支援と意見箱・苦情箱の設置については、ある程度できているという評価がうかがえる。これは仮説であるが、やはり現場では個別の子どもへの対応というよりは、子どもを集団としても意識し、関与せざるを得ない現実があるのではないだろうか。ただし、職員への子どもの意見表明の指針明示や研修といった職員の資質向上策、また子ども個別の定期的聞き取りについて、ある程度できていると評価している事実があることも指摘しておきたい。

(3) 個別支援にかかわる取り組みについて

さらに個別支援に関わる取り組みについて尋ねた結果では、子ども個別にかける時間に効果があるとする一方で、実施していないと自己評価する部分もある。しかし、自由記述では「できる限り、子どもとの時間を多く取るために子どもが在園する時間に合わせた勤務体系にしている」、「外出等、個別に関わる時間を意識的に作って対応している」など、職員の勤務体制の工夫や意図的な個別対応機会の確保などの配慮がなされていることがわかる。

(4) 権利擁護制度の活用に関わる取り組みについて

続いて、現在すでに取り組まれている権利擁護制度の活用に関わる取り組みについて尋ねた。この領域の設問では、ほぼ「ある程度の効果」を認めているが、特に苦情対応の仕組みの評価について、ある程度の効果を認めてい

る群とあまり効果がない群と意見が半々に分かれていることや、苦情解決制度による第三者委員の定期的訪問では、未実施が多く見られた。

(5) 多様な社会資源の活用について

多様な社会資源の活用について尋ねた。その結果、ボランティア、実習生の受け入れについて、ある程度効果があるという評価があることがわかった。これは、ボランティアは行事等を通じて個別の子どもに関わる機会が多いこと、実習学生は個別の子どもとのコミュニケーションを実習課題として置いているなどのことから得られる効果を、職員が評価していることを示唆している。

(6) 自由意見から

最後に、自由記述欄に書き込まれたもののなかから、いくつか見ていきたい。子どもの思いや意見を聴く過程でのジレンマについて、「施設自体に問題を抱えている場合、制度や仕組みに制約があり不十分になる場合、担当職員に課題がある場合など様々ですから一律に判断できない」という意見が1件あった。子どもの声を起点として見て、その思いをしっかりと受け止めるために子どもと向き合う職員の二律背反感の負担は、施設の風土、運営等の制度、職員の研修や労働環境など、現状では多様な側面に及ぶことが示唆される意見である。そのようななかでも、子どもの声を聴くために、現場ではさまざまな工夫をされていることが自由記述に散見されている。

また、自由記述欄で、子どもの意見や思いを聴く時に感じる職員の困難として、「本来の真の思いや意見を意識でき、表明できるだけの成長や発達をとげることを果たせないでいる」という意見がある。これは子どもの意見表明支援というニーズが現場にあることを示しているだろう。

以上、児童養護施設における職員のアンケート調査結果を見てきたが、ほぼ「ある程度効果がある」という回答に収斂している様子がうかがえた。私たちは施設で生活する子どもたちへのアドボカシーの実践が「十分効果があ

る」という評価をしてもらえるためには、どのような仕組みの構築と実践をしなければならないのかという大きな課題を与えられた。

表4－1　単純集計表

子どもの意見や思いをどのように聞いているか					
子ども自身にかかわる事項について、本人の意見を職員に伝える権利があることを説明していますか。					
1 伝える権利 の説明	①	十分できている	7	23.3	
	②	ある程度できている	22	73.3	
	③	あまりできていない	1	3.3	
	④	まったくできていない		0	
子ども自身にかかわる事柄について職員間で協議する過程で、本人の意見や思いを聴き、それを考慮していますか。					
2 意見聴取と 考慮	①	十分できている	7	23.3	
	②	ある程度できている	22	73.3	
	③	あまりできていない		0	
	④	まったくできていない		0	
子ども自身にかかわる事柄について職員間で協議する過程で、本人が意見や思いをまとめることができるように支援していますか。					
3 思いを まとめる 支援	①	十分できている	2	6.7	
	②	ある程度できている	21	70	
	③	あまりできていない	6	20	
	④	まったくできていない		0	
子ども自身にかかわる事柄について、職員間で協議する過程で、本人自身が職員に対して意見や思いを伝えることができるように励ましていますか。					
4 伝える ための 励まし	①	十分できている	3	10	
	②	ある程度できている	22	73.3	
	③	あまりできていない	3	10	
	④	まったくできていない		0	
子ども自身にかかわる事柄について職員が本人の思いを聴く場面で、子どもの表現方法の個別性に配慮していますか（絵カードやコミュニケーション支援機器を用いるなどの工夫）。					
5 表現の工夫	①	十分できている		0	
	②	ある程度できている	14	46.7	
	③	あまりできていない	15	50	
	④	まったくできていない		0	

第4章 児童養護施設職員から見た子どもの権利擁護の現状

子どもの意見や思いを聴く取り組みの実践状況について					
自立支援計画の作成にかかわる会議に、子ども本人が出席できるようにしていますか。				
6 計画策定時の 子どもの参加	①	十分できている	0	0
	②	ある程度できている	0	0
	③	あまりできていない	13	43.3
	④	まったくできていない	17	56.7
自立支援計画の作成にかかわる会議の結果について、子どもの意見がどのように反映または考慮されたかを伝えるようにしていますか。				
7 意見の反映の 説明	①	十分できている	0	0
	②	ある程度できている	6	20
	③	あまりできていない	16	53.3
	④	まったくできていない	8	26.7
子どもの思いや意見を聴く過程で、どのようなジレンマを経験さているかについてお尋ねします。あてはまるものすべてに○をつけてください。				
8				
	①	運営方針の遵守との二律背反	4	13.3
	②	複数の子どもの公平さとの二律背反	11	36.7
	③	時間的余裕がない	23	76.7
	④	保護者の利益優先になりがち	10	33.3
	⑤	子どもの意向と最善の利益の背反	19	63.3
	⑥	子どもの思いの実現不可能性	16	53.3
	⑦	障害を持つ子どもの思いの確信の不確かさ	5	16.7
	⑧	その他	0	0

子どもの意見表明権について、文章化された運営指針や支援指針の策定					
1 意見表明権 の文章化	①	実践している	a	十分効果がある	2	6.7
			b	ある程度効果がある	14	46.7
			c	あまり効果がない	4	13.3
			d	まったく効果がない		0
	②	実践していない			8	26.7
子どもの意見表明権について理解を深めることを目的とする職員研修					
2 職員研修	①	実践している	a	十分効果がある	2	6.7
			b	ある程度効果がある	15	50
			c	あまり効果がない	1	3.3
			d	まったく効果がない		0
	②	実践していない			11	36.7

子どもの自治会活動などの運営に対する職員による支援							
3	①	実践している	a	十分効果がある	2	6.7
自治会支援			b	ある程度効果がある	22	73.3
			c	あまり効果がない	2	6.7
			d	まったく効果がない		0
	②	実践していない			3	10
意見箱・苦情箱などの設置							
4	①	実践している	a	十分効果がある	4	13.3
意見箱の設置			b	ある程度効果がある	20	66.7
			c	あまり効果がない	4	13.3
			d	まったく効果がない		0
	②	実践していない			2	6.7
職員による子どもへの定期的な聞き取り調査							
5	①	実践している	a	十分効果がある	5	16.7
職員による定期的聞き取り			b	ある程度効果がある	17	56.7
			c	あまり効果がない	2	6.7
			d	まったく効果がない		0
	②	実践していない			6	20
心理療法を担当する職員の配置							
6	①	実践している	a	十分効果がある	9	30
心理療法士の配置			b	ある程度効果がある	15	50
			c	あまり効果がない	2	6.7
			d	まったく効果がない		0
	②	実践していない			2	6.7
個別支援にかかわる取り組みについて							
子どもの思いや意見を聴くための十分な時間の確保							
7	①	実践している	a	十分効果がある	2	6.7
意見を聴く時間の確保			b	ある程度効果がある	21	70
			c	あまり効果がない	1	3.3
			d	まったく効果がない		0
	②	実践していない			6	20
子どもと職員との定期的かつ個別的な外出							
8	①	実践している	a	十分効果がある	9	30
定期的個別の外出			b	ある程度効果がある	14	46.7
			c	あまり効果がない		0
			d	まったく効果がない		0
	②	実践していない			7	23.3

子どもと職員との定期的な個別面談						
9 職員の 定期的な 面談	①	実践している	a	十分効果がある	5	16.7
			b	ある程度効果がある	18	60
			c	あまり効果がない		0
			d	まったく効果がない		0
	②	実践していない			7	23.3
権利擁護制度の活用にかかわる取り組みについて						
「子どもの権利ノート」の説明						
10 「権利 ノート」の 説明	①	実践している	a	十分効果がある	2	6.7
			b	ある程度効果がある	16	53.3
			c	あまり効果がない	7	23.3
			d	まったく効果がない		0
	②	実践していない			5	16.7
苦情受付担当者の役割や連絡方法の説明						
11 苦情担当者 等の説明	①	実践している	a	十分効果がある	2	6.7
			b	ある程度効果がある	14	46.7
			c	あまり効果がない	11	36.7
			d	まったく効果がない		0
	②	実践していない			3	10
苦情解決にかかわる第三者委員の役割や連絡方法の説明						
12 第三者委員 の説明	①	実践している	a	十分効果がある	3	10
			b	ある程度効果がある	12	40
			c	あまり効果がない	12	40
			d	まったく効果がない		0
	②	実践していない			3	10
児童相談所の担当の児童福祉司の役割や連絡方法の説明						
13 児相の 担当者の 説明	①	実践している	a	十分効果がある	5	16.7
			b	ある程度効果がある	16	53.3
			c	あまり効果がない	4	13.3
			d	まったく効果がない		0
	②	実践していない			5	16.7
苦情解決にかかわる第三者委員による子どもへの定期訪問						
14 第三者委員 の定期訪問	①	実践している	a	十分効果がある	2	6.7
			b	ある程度効果がある	8	26.7
			c	あまり効果がない	2	6.7
			d	まったく効果がない		0
	②	実践していない			18	60

児童相談所のケースワーカーによる子どもへの定期訪問							
15 児相CWの 定期訪問	①	実践している	a	十分効果がある	6	20
			b	ある程度効果がある	21	70
			c	あまり効果がない	1	3.3
			d	まったく効果がない		0
	②	実践していない			1	3.3
第三者評価の受審							
16 第三者評価 の 受審	①	実践している	a	十分効果がある	6	20
			b	ある程度効果がある	15	50
			c	あまり効果がない	3	10
			d	まったく効果がない		0
	②	実践していない			5	16.7
多様な社会資源の活用について							
ボランティアの受け入れ							
17 ボランティ アの 受け入れ	①	実践している	a	十分効果がある	8	26.7
			b	ある程度効果がある	19	63.3
			c	あまり効果がない	1	3.3
			d	まったく効果がない		0
	②	実践していない			2	6.7
実習生の受け入れ							
18 実習生の 受け入れ	①	実践している	a	十分効果がある	8	26.7
			b	ある程度効果がある	18	60
			c	あまり効果がない	4	13.3
			d	まったく効果がない		0
	②	実践していない				0

第5章 児童養護施設職員にとっての
訪問アドボカシー導入のニーズ・懸念・資質

　訪問アドボカシーが、日本の児童福祉施設に導入されると仮定するならば、それはどのようなニーズにもとづくものであり、また、どのような懸念を現場にもたらすことになるのだろうか。

　本章では、訪問アドボカシーの導入に対する児童養護施設職員のニーズや懸念、アドボケイトの資質について調査した結果を報告する。

　調査では、訪問アドボカシーは、児童養護施設における子どもの意見表明権保障の有効な手段だが、その導入を実現するためには、施設職員が子どもの意見表明権とアドボカシーを理解し、権利擁護と施設運営の両立という課題を乗り越えていくこと、同時に支援機関が行政によるサービスの制度化やアドボケイト養成等、導入のための社会的な準備に取り組むことが必要であると示唆された。

1　調査の目的と方法

　本調査の目的は、訪問アドボカシーサービスについて、施設職員が認識する導入のニーズと懸念、およびアドボケイトに求められる資質を明らかにすることである。

　予備調査において「インタビュー調査に協力してもよい」「説明を聞いたうえで検討したい」という回答がみられた施設を対象に、施設長または苦情受付担当者など一定の実務経験を有する職員に調査を依頼した。協力者は19施設23人であった。調査期間は2014年9月10日～2014年9月29日である。

　調査方法は、訪問による半構造化面接法で、協力者数に応じて個別インタ

ビューとグループインタビューを使い分けた。アドボカシーサービスの概要を説明したうえで、サービス導入のニーズと懸念に関する質問項目について、**表5－1**を用いて複数回答で尋ねた。さらに、選択の根拠となる協力者の考えや思いを自由に語ってもらった。アドボケイトの資質については、施設職員としての経験、施設生活経験者であることが、アドボカシーの実践にどのような影響をもたらすかについても尋ねた。

原則的に研究者5人と調査協力員11人が2人1組になって協力施設を訪問した。インタビューの実施場所は施設内の会議室等で、調査時間は1施設あたり60分間〜90分間であった。

表5－1　質問項目と回答選択肢

質問項目	回答選択肢	
施設職員が認識する アドボカシーサービス 導入のニーズ	①	子どもの思いを聴く機会の創出（2項目）
	②	意思決定過程に子どもが参加する機会の創出（2項目）
	③	児童福祉施設における支援の質の向上（5項目）
	④	子どもの意見表明権の理解の促進（2項目）
	⑤	その他
施設職員が認識する アドボカシーサービス 導入への懸念	①	子どもとアドボケイトの関係にかかわる困難（3項目）
	②	子どもの表現方法にかかわる困難（2項目）
	③	アドボケイトの役割の限界に伴う困難（2項目）
	④	職員とアドボケイトの関係にかかわる困難（4項目）
	⑤	その他

分析方法は、インタビュー内容の逐語録を作成し、意味を見出すことのできる文脈を抽出し、必要に応じてコード化してサブカテゴリーを命名した。次に、類似するサブカテゴリーを集約してカテゴリーを生成し、カテゴリー間の関連を検討した。分析にあたっては、〈カード化する→グループを作る→見出しをつける→グループ間の関連を考える〉というKJ法の手順を参考にした。その理由として、仮説や既成概念とは異なる構造を見出せることに

加え、図解化することによって、データ全体を見渡しながらカテゴリー間の関連を検討することが可能であるからである。その後、分析結果の妥当性を高めるために、研究者で分析結果の吟味を重ね、施設生活経験者や施設勤務経験者等も出席した報告会で報告し、出された意見をもとに内容の修正を行った。

　倫理的配慮については、インタビュー時に調査目的や秘密保持について口頭と文書で説明を行い同意書を交わした。また、ICレコーダーによる録音、研究結果の公表についても承諾を得た。なお、調査協力員には守秘義務について説明し誓約書を提出してもらった。本調査は熊本学園大学研究活動適正化委員会による承認を得ている。

2　訪問アドボカシー導入のニーズ

　訪問調査の最初に、ニーズに関する回答の選択肢を提示した。その回答結果を次頁の表5-2に示した。多かったのは、「子どもの思いを聴く機会の創出」と「児童福祉施設における支援の質の向上」であった。「子どもの思いを聴く機会の創出」の選択回答を見ると、「『自分の思いをじっくり聞いてほしい』という子どもの要望に応える機会になる」で、訪問アドボカシーに対する職員の期待の中心がここにあると考えられる。

　「児童福祉施設の支援の質の向上」の選択回答を見ると、「職員と子どもが閉鎖的な関係に陥る事態の予防」「子どもからの苦情把握と迅速な対応」「子ども間の加害行為やいじめの把握と迅速な対応」への期待があることがわかった。閉鎖的人間関係や暴力の発生予防、早期発見への期待の高さがうかがえた。

　一方、「意思決定過程に参加する機会の創出」や「子どもの意見表明権の理解の促進」等、訪問アドボカシー本来の目的に当たるニーズはわずかだった。

表5-2 訪問アドボカシー導入のニーズ

分類	質問項目	回答数（%）
子どもの思いを聞く機会の創出	①「自分の思いをじっくり聴いてほしい」という子どもの要望に応える機会を作ることができる	11
	②「職員には言いたくない」という子どもの思いを聴くための機会を作ることができる	3
	合計	14（60.9）
意志決定過程に参加する機会の創出	③職員間で協議する過程で、子どもの意見や思いを考慮できる	0
	④意思決定過程に子どもが参加することによって、子どもの自尊心を高めることができる	2
	合計	2（8.7）
児童福祉施設における支援の質の向上	⑤職員と子どもが閉鎖的な関係に陥る事態を予防することができる。	2
	⑥子どもの思いを十分に聴かず一方的に説教する状況や、子どもへの見方が画一化される事態を予防することができる	0
	⑦職員による虐待や不適切な関わりを予防することができる	0
	⑧子どもからの苦情を把握しやすくなり、迅速に対応することができる。	2
	⑨子どもの間に見られる加害行為やいじめを把握しやすくなり、迅速に対応することができる	2
	合計	6（26.1）
子ども意見表明権の理解の促進	⑩子どもからの意見表明権について、子どもの理解を促すことができる	0
	⑪子どもの意見表明権について、職員の理解を促すことができる	0
	合計	0（0）
その他	⑫その他	0
	⑬メリットはない	0
	合計	0（0）
未記入		1（4.3）
合計		23（100）

　抽出した職員の発言から22のサブカテゴリーを作り、それを6カテゴリーに整理した（表5-3参照）。内容を見ると、入所児童及び施設の実態に始まり、アドボケイトが訪問することで、子どもの権利保障が進み、子どもが変わり、職員のスキルや施設全体に良い影響があるのではないかという期待だった。

表5-3 訪問アドボカシー導入のニーズ

カテゴリー	サブカテゴリー	発言内容
入所児童の実態	頼れる家族の不在	施設の子どもは頼れる家族などほとんどいない
	抱えているしんどさを言語化することが苦手	自分の思いを言えない 我慢が当たり前／抱えてるしんどさ モヤモヤチクチクが言葉にできない／施設が長い子どもほど意見を言う習慣がない
	目的意識の弱さ	今が精一杯で将来のことや目的意識が明確になりにくい
	自分（だけ）の話をじっくり聴いてほしい欲求	じっくり話を聴いてもらうことを一番求めている／子どもは話を聴いてもらってないと感じている／自分のことを聴いてほしい 自分のことだけを理解してほしい 自分だけを見てほしい
施設の現状	職員不足による関わりの限界	子ども達は言いたくても聞く職員の数が少ない／（職員は）献身的に子どもを（施設の外に）連れ出したり個別の関わりをしようとしているが システムとしてできない
	苦情をキャッチすることが困難な第三者委員制度	苦情解決第三者委員に聴き取りを続けてもらっているが苦情がでない／第三者委員などが義務付けられていることすら各施設はきっちり取り組めてるのか疑問に感じる
子どもの権利保障	多様なおとな（機関）の重層的な関わりと聴いてもらう権利の保障	色々なおとなが関わるのはいい／子どもらに一番必要なのは 支援の質もさることながら量／施設もより治療的専門的な養育が求められている／聴いてくれる人がいるということが子どもにとっては大事／職員なら「明日に回して」となりがちなところが絶対保障されるのは大事／（アドボケイトが来ると）普通に話をし人間として扱ってもらっているという対応をしてもらえる
	安心してしゃべれる選択肢の増加	面倒を見てくれる職員には言えないことも 言っても安心できる人を用意していれば、子どもは話していく／職員じゃなくて 第三者に自分の思いを伝えるという場があるということが大事／誰かれじゃなくてこの人には言える 言ってもいいっていうその選択肢を子どもに持ってほしい
	子どもの意見表明の場の保障	第三者が入ることで（施設は）即効性を求められるし 必ず答えを出さないといけなくなる／苦情に迅速に対応、話をしたら（子どもは）効果を感じられる／子どもの声の代弁をできるような状況が現実にも（職員の）意識としても持ちにくい状態になっている／自分は言えないとか自分が言ったらだめだとかじゃなくて 言えるということがまず保障されることがいい

カテゴリー	サブカテゴリー	発言内容
子どもの変化（ニーズ）	定期訪問による時間をかけたおとなとの関係構築	定期的な訪問を繰り返していたら（子どもは）聴いて欲しいことが出てくる／面会のない子なんかにとっては 定期的に誰かが自分のところに来てくれるというメリットはある
	ちょっとした会話の増加	職員に言えないことを軽い感じで 意見表明できる場があるといい／ちょっと言ってみて それに対してちょっと話とかができたらいい／子どもたちは伝え方も聞き方も下手 場数を踏ませることが大事
	日常的な受け止めの積み重ねがもたらす心の安定	まずいったん受け止めるということが大事で 子どもたちの安定に繋がる／（仲間を）攻撃してる子も「こんなことしてしまうんだ」というのが話せたら 変わっていける／思春期などには我慢することに耐えられなくなるので 小さい時から思いを聞いてもらうことが大事／積もり積もっていくとしんどくなるので、早い段階で解消するには職員よりも第三者の方が寄り添いながら解決できる／大きな子は「自分のことをわかってくれない」という訴えが多い そのあたりを（アドボケイトに）期待したい
	傾聴・意見表明支援がもたらす力の獲得	気持ちを汲みとると 子どもたちが自分の現状を受け止め 将来を自ら考えていくようになる／じっくり聴いてもらうことが意思決定につながる／聴いてもらったら自分でコントロールが出来てくる／聴いてもらい 自分の言葉で表現できるようになれば 自分を認められるようになる／そばに居て代弁してくれる人の方が定着もし 本当の心が出やすい
支援スキルの変化	個別ニーズの把握	一番弱い子どもたちの苦情が把握しやすくなる／施設の中だけで見てたらその子どもは見えない／職員の理解と子どもの理解のずれに気付く／何でこんな行動に出たのかわからないことが沢山ある 間接的な情報が入っていれば それなりの予防ができる／児童間の暴力行為、性問題等 被害児童が訴えられなかった 職員が早期に発見できなかった現状を踏まえて／子ども同士の結束があって おとなの目に見えない所で行われているいじめを教えてもらえると解決に導ける
	子どもの意見を反映した自立支援計画の立案	支援計画も子どもたちが思っていることとのズレが生じるのは否めない。子どもの意志に向き合うには この制度は一番有意義／子どもたちの意見を聞いても誘導してしまう
	集団ニーズの把握	子どもたちの生活ツール（携帯電話など）が変わり これからどう取り入れていくかなど考える必要がある／日課を考える上で要望を知りたい
	職員の不適切な対応の防止	職員の過剰な指導と 体罰 虐待の予防には一番効果がある／職員と子どものトラブルを事前に防ぐところに関われるとよい／（施設の規模が）小さいと 崩れたときの対応は厳しい たくさんの人が関わるなかで権利という立場からの関わりがほしい／経験と勘だけではできない
運営管理上の期待	小規模単位ごとの把握	小規模化による職員の孤立感の軽減に役立つ／小規模化による閉鎖性の防止に役立つ
	オープンな施設作り	施設が民主的でオープンな施設かチェックしてほしい／外部から人が入ってくることで職員も子どもも視野が広がる
	職員の権利意識の向上	アドボケイトによる権利の伝達で職員も変化
	職員の権利の擁護	訪問により子どもの権利が保障されると同時に 職員の権利も守られる／子どもが職員を攻撃するために卑下していく職員もいる／職員に対してもSOSは出せるようにしていく必要があるが 今は人が見えない

以下、カテゴリーごとに内容を見ていく。【　】はカテゴリー、〈　〉はサブカテゴリー、一字下げにした「　」は発言内容である。

（1）入所児童の実態
【入所児童の実態】は、4つのサブカテゴリー、〈頼れる家族の不在〉〈抱えているしんどさを言語化することが苦手〉〈目的意識の弱さ〉〈自分（だけ）の話をじっくり聴いてほしい欲求〉に整理できた。サブカテゴリーごとに発言内容を報告する。

〈頼れる家族の不在〉〈言語化の難しさ〉〈目的意識の弱さ〉
　子どもたちは、実親の養育力が十分機能しないために保護と養育を求めて施設に入所している。厚生労働省雇用均等・児童家庭局の報告（2015：9）では、養護施設入所児童の37.9％が被虐待児童で、5年前に比較すると増加している。また、18.0％が家族と交流がない。ある職員は児童養護施設の入所児童と高齢者施設の入所者を比較し次のように表現した。

　　「老人の場合は家族さんがいるから施設の中で何かあれば言ってくるでしょう。でもここの子どもたちは、自分のお父さんお母さんが自分の子どものことを考えて施設に苦情を言う……なんてことは、ほとんどないですよ」

　養護施設にいる子どもたちは、家庭崩壊、親からの虐待、さらに不本意な施設入所とさまざまな思いや体験を持っている。〈言語化の難しさ〉では、「我慢が当たり前」になっている生活や、抱えているしんどさを言葉にできない子どもたちの姿が語られた。そして「施設生活の長い子どもほどその傾向がみられる」という指摘もあった。

　　「子どもたちは整理もつけられないことをいっぱい抱えていて。だか

ら目に見えている、〇〇ちゃんが気にいらないとか、〇〇先生がこんなん言ったからすごく傷ついたって、表面的な部分に関しては多分出てくると思うんです。ただ、でも本当に抱えているしんどさとか、いつもこの辺にモヤモヤしてるものとか、チクチクしてるものとかっていうのが言葉にできなくって、それがしんどいんですよね」

また、〈言語化の難しさ〉は子どもたちを今に執着させ、〈目的意識の弱さ〉にも通じていくことを指摘する発言もあった。

「子どもたちは自分のことで精一杯ということと、もっといえば自分のことがなかなか十分に考えきれないとか、将来のことを考えきれないとか、そういう背景を背負っていますので、今の生活をどう……ようするに生活することの目的意識みたいなのが、なかなか明確になりにくいという子どもたちが多い」

存在を大切にされてこなかった子どもたちにとって、先を考えることは難しいという。それは、「自らの中に自分という暗黙の感覚が育まれてこなかった」（全国児童養護施設協議会 2011）からかもしれない。厚生労働省が年長児童を対象に行った調査でも、「大切だと思うこと」で「将来に夢を持っていること」を選択したのは43.2％（厚生労働省 2015：21）だった。

〈自分（だけ）の話をじっくり聴いてほしい欲求〉
それらの結果、子どもたちは〈自分（だけ）の話をじっくり聴いてほしい欲求〉を持っていることが指摘された。「一番求めている」「聴いてもらっていないと感じている」「自分だけを理解してほしい、自分だけを見てほしい」など、養護施設の子どもには関わってもらう、話を聴いてもらうことへの強い欲求があるという。

（2）施設の現状

【施設の現状】は、2つのサブカテゴリー、〈職員不足による関わりの限界〉〈苦情をキャッチすることが困難な第三者委員制度〉に整理できた。

〈職員不足による関わりの限界〉

まずあげられたのは、子どもの数に対する職員数の不足であった。職員の人員配置は小規模化を進めるために見直されているものの、厚生労働省の調査では平成24年現在、大舎制の施設は50.7％残っている（2016：6）。一人ひとり大きな課題を背負わされた子どもたちだが、施設の中でも職員の忙しさに気を使って我慢しているという。施設では献身的に子どもに対し個別に接する努力をしている職員もいるという。しかしそれがシステムとしてすべての子どもに保障されないことの問題提起もあった。

> 「数が足りないのが今の一番なので、そういうふうに『いつも先生忙しそうですし、ま、いいか』っていうところで言えてない子どもがいると思うんです。だから、自分の話を時間かけてゆっくり聞いてくれる人がいるっていうのはすごいメリットだとは思うんです」

〈苦情をキャッチすることが困難な第三者委員制度〉

現行制度化の問題で挙げられた二つ目は、第三者委員制度であった。第三者委員の設置目的は、「苦情解決に社会性や客観性を確保し、利用者の立場や状況に配慮した適切な対応を推進することで、その役割は利用者が職員に苦情申出をしにくい際の苦情解決や、苦情申出人と苦情解決責任者との話し合いへの立ち合い、助言や解決策の調整を行うこと、日常的な状況の確認と利用者からの意見聴取」となっている（兵庫県社会福祉協議会 2010：3）。その機能が発揮されている施設もあるが、今回の調査では「第三者委員が苦情を聞き取る機会を設けても、子どもたちから苦情が出ない」という意見が出された。有効に機能すればサービス利用者の権利擁護に役立つと思われる第三

者委員制度（社会福祉法人山形県社会福祉協議会 2015）だが、おとなへの不信感や言語的能力が発達過程にある児童養護の場合は、なじみのない委員に不満を述べるというこの制度には課題があるのかもしれない。

（3）子どもの権利保障
【子どもの権利保障】は３つのサブカテゴリー、〈多様なおとな（機関）の重層的な関わりと聴いてもらう権利の保障〉〈安心してしゃべれる人の選択肢の増加〉〈子どもの意見表明の場の保障〉に整理できた。

〈多様なおとな（機関）の重層的な関わりと聴いてもらう権利〉
〈安心してしゃべれる人の選択肢の増加〉

　〈多様なおとなの重層的な関わり〉とは、子どもを取り巻くおとなの質と量を指す言葉である。それは「専門的養育」に近づく試みであり、「（あの人は自分の話を）後回しにせず絶対聴いてくれるという保障」であるととらえていた。インタビューの中では次のような要望が語られた。

> 「個人的には、（アドボケイトを）利用したいと思います。子どもたちに、一番必要なのは、その支援の質もさることながら、やっぱり量だと思うんだよね。それを具体的に示してあげることが一番大切だと思っていますので、今回あなた方を支援してくれるこういう人たちが加わりますと、子どもたちに説明できるものであればね」
> 「大きな子の訴えなんか、特に『自分のことわかってくれない』っていう訴えが一番多いですね。どうせこんなやつらに言っても一緒でしょ、みたいな。一時そういう時があるんですね。（中略）実際施設にいる間は、いろいろなこと言われたりとか、うっとうしいことたくさんあったりするので。そのあたりをうまく誰かが聴き出していただけたら」

　施設にはさまざまな人の出入りがある。「みんなの先生」「みんなのボラン

ティア」で、「私だけのための」ではないが、周りにおとなの量が増えることで、その中に「安心してしゃべれる人」が見つかる可能性も高くなる、そのことへの期待であった。

〈子どもの意見表明の場の保障〉

　〈子どもの意見表明の場の保障〉では、アドボケイトの存在で、これまでは遅れがちだった施設側の子どもへの対応に「即応性」が求められ改善される可能性や、「子どもの声の代弁ができるような状況が現実にも職員の意識としても持ちにくい状況がある」ことが語られた。そのようななか、何より子どもたちに「言ってはいけないではなく、言える」という意識を育てたいという思いが伝わる発言も見られた。

　　「自分は言えないとか自分が言ったらだめだとかじゃなくて、言えるっていうことが、まず保障されるっていうことがいいなって思っています」
　　「誰かれじゃなくてこの人には言える、言ってもいいっていうその選択肢を子どもに持ってほしいんです」

(4) 子どもの変化（ニーズ）

　【子どもの変化（ニーズ）】は４つのサブカテゴリー、〈定期的な訪問による時間をかけたおとなとの関係構築〉〈ちょっとした会話の増加〉〈日常的な受け止めの積み重ねがもたらす心の安定〉〈傾聴・意見表明支援がもたらす力の獲得〉に整理できた。定期的に訪問するアドボケイトとの関係構築、日常のちょっとした会話の増加、その積み重ねが子どもの心を安定させ、子ども自身が自分の現状を受け止められるようになり、また、他者に表現したことが受け止められる体験を通して、自身を認められるようになっていく。まさに傾聴から始まる子どものエンパワーメントの仕組みが語られた。

〈定期的な訪問による時間をかけたおとなとの関係構築〉
　訪ねてくる家族がない子どもたちにとっては、定期的に施設にきてくれるおとなの存在は大きい。根底にはおとなへの不信感がある子どもたちの場合、時間をかけた関係形成が何より必要で、それが信頼できるおとな不在で発達課題を達成できなかった子どもたちにとっては重要な体験になる。そのように感じたのは以下の発言だった。

　　「最初は、誰か話をしたい子いないって、別にいなかったとしても、定期的な訪問を繰り返していたら、『あぁ、あのおっちゃんに話ししよう』とか思えば、10回目、20回目には、1年、2年経てば、『今日、おっちゃん聴いて欲しいことがあるんだけど』って出てくるでしょう。むしろそうなっていかないといけないんでしょうから」

〈ちょっとした会話の増加〉
　子どもたちは、日々の暮らしの中で感じたことを誰かに伝えようとしている。そんな子どもたちが「職員に言えないことを軽い感じで言える」、「ちょっと言ってみて、ちょっと話ができる」機会が増えると、「伝え方も聞き方も下手な子どもたちが場数を踏み上手になっていく」という。

　　「ちょっと言ってみて、それに対してちょっと話とかができたらいいなみたいな感じじゃないかなと思うんですけれどね。（今は、子どもたちは）できないのはわかっているみたいですけど最初から」

〈日常的な受け止めの積み重ねがもたらす心の安定〉
　日常の中でも「まずいったん受け止める」こと、それも「小さい頃から」、「つもり積もって耐えられなくなる前の早い段階で解消するために」、「職員より第三者が寄り添うことの大切さ」が語られた。

「思春期等になった時に、我慢することにもう耐えられなくなる時期が必ず来ると思うんですよ。だからやっぱりそれは小さい時から、やっぱり自分の思いを聞いてもらうことが大事」

「まずいったん受け止めるということが非常に大事であって、子どもたちの安定にもつながるんだなというのは実感しているところでもあります」

〈傾聴・意見表明支援がもたらす力の獲得〉

ここでは、「気持ちをくみ取ってもらうと、子どもたちは自分の現状を受け止め、将来を自ら考えていくようになること」「じっくり聞いてもらうことが意思決定につながること」「聞いてもらえたら自己コントロールができるようになること」「自分の言葉で表現できると自分を認められるようになること」などが語られた。まさに、傾聴・対話・行動のエンパワーメントのプロセスである。

「伝え方も下手ですし、聞き方も下手ですし、そのへんは、ある程度、場数をふまないと進まないことだと思いますけど、施設の職員では当然限界がありますので、今は、○○先生にそれを担っていただいています。そういうことをしていただけるチャンスがあれば、子どもたちはきっと、最初は尻込みするでしょうけど、はまれば、手を挙げてでもいくと思います」

（5）支援スキルの変化

【支援スキルの変化】は4つのサブカテゴリー、〈個別ニーズの把握〉〈子どもの意見を反映した自立支援計画の立案〉〈集団ニーズの把握〉〈職員の不適切な対応の防止〉に整理できた。

〈個別ニーズの把握〉〈子どもの意見を反映した自立支援計画の立案〉

　個別ニーズの把握には、集団処遇の中では発見が難しい「一番弱い子どもたちの苦情」「施設側の理解と子どもの気持ちのずれ」「理解できない子どもたちの行動の背景」「暴力行為・性問題・虐待等予防が必要な行為の前兆の発見」など、施設側の多様な要望が語られた。背景には、子どもの意見を反映した自立支援計画を立てたい、問題を防止したいという施設側の思いがあった。

　「支援計画にしても、子どもの意見を反映させていないことはないんですけど、でも実際はやっぱり子どもたちが本当に心から思っていることとのズレというのは、どうしても生じてくると思うんです。私たちが先を見越してこっちの方がいいだろうという形に流れていってしまう、その傾向は否めないと思います。きちっと子どもの意志に向き合うには、この制度というのは一番有意義かなと思いました」

〈集団ニーズの把握〉

　集団ニーズの把握では、子どもを取り巻く生活に携帯電話など次々に新しいツールが入ってくるなかで何を取り入れ何を制限すればよいのかを考えたり、日課への要望を知るために子どもたちの声を聴きたいという意見が挙げられた。

　「子どもたちの生活ツールが変わってきて、それをどう、今までなかったものをこれからどう使っていけばいいのかとか、もろもろがね、ここのところちょっとめまぐるしくそういうのが出ているので、なかなか対応が……ねえ」

〈職員の不適切な対応の防止〉

　訪問アドボカシーは、「職員の過剰な指導、体罰、虐待予防に一番効果が

ある」という発言や、経験と勘だけでは難しくなっている職員の関わりが、体罰や虐待に発展しないように「職員と子どものトラブルに事前に関わる」ことへの期待、たくさんの人の関わりがあるなかで、「権利という立場からの関わり」を期待する声などが挙げられていた。

> 「第三者がそこに入るということの大切さというのは、すごく感じていました。どうしても子どもがわーっとなってきて、おとなもかーっとなってくることが確かにあります。感情的になることもあるので、話ができない関係になってしまうとお互いにしんどいので」

（6）運営管理上の期待

運営管理上の期待は4つのサブカテゴリー、〈小規模単位ごとの把握〉〈オープンな施設づくり〉〈職員の権利意識の向上〉〈職員の権利の擁護〉に整理できた。

〈小規模単位ごとの把握〉〈オープンな施設づくり〉

施設の小規模化が進められるなか、その弊害として「職員の孤立化」や「処遇の閉鎖性」が指摘された。小規模化に向けてはアドボケイトの訪問は、これらを予防し「オープンな施設づくり」に役立つという。

> 「（施設の規模が）小さければいいということではないですけども、でも大きいところよりはやっぱり落ち着く可能性は高いですが、崩れたときの対応というのは本当に厳しいものがある。やっぱり煮詰まってくる、職員が本気になってしまうというふうな状態というのが割とありますので、（中略）そういった意味では、たくさんの方がかかわってくださる一つとして、特に権利という立場から関わっていただくというのは、僕は非常にいいかなと思っています」
> 「アドボケイトには、施設がオープンで民主的かをチェックしてほし

いですね」

〈職員の権利意識の向上〉〈職員の権利の擁護〉

　アドボケイトが子どもの権利を大切に活動することで子どもが変われば職員も変化するという。「子どもとのやり取りで傷つき自信を無くしている職員がSOSを出せるようになる」という期待も語られた。管理者からすると職員の把握も困難な現状があるなかで、訪問アドボカシーは子どもに限ったことではなく、施設全体の権利擁護を促進するのではないかという発言であった。

　　「こんなに頻繁に入ってきていただけると子どもの権利が保障されていく可能性と同時に、職員の権利も、というか子どもがもう職員に対して攻撃したりするので、卑下していく職員もいて。そのことも含めて」
　　「職員に対してもSOSは出せるように自分たちがしていかないとだめだと思っているんですけども、そういった意味では（今は）人が見えないっていうか」

　6つのカテゴリー、21のサブカテゴリーを発言内容を取り上げながら紹介した。
　概観すると、深刻な背景を持ち重い課題を抱えた子どもたちへの対応が十分に行えない現行制度下の施設が訪問アドボカシーを利用することで、まず子どもの権利保障が進み、子どもにプラスの変化が起きる。すると職員も余裕が生まれて支援スキルに変化が生じ、管理運営上も見えない・わからない部分が可視化され、より子どもたちにとって安心して暮らせる施設環境が保障されるようになるという期待が読み取れる内容だった。

3　訪問アドボカシー導入への懸念

　調査の最初に提示した選択肢の回答結果を表5－4に示した。多かったの

は、「子どもとアドボケイトの関係に関わる困難」や「職員とアドボケイトの関係に関わる困難」で、アドボケイトが入ることによって、職員と子どもたちの関係性が変化することを懸念する意見だった。他には「子どもの表現方法に関わる困難」「アドボケイトの役割の限界に伴う困難」など、準備した選択肢のほとんどすべての懸念が指摘された。

表5-4　訪問アドボカシー導入への懸念　　　　　　　　　　　　　　n＝25

分類	質問項目	回答数（％）
子どもとアドボケイトの関係に関わる困難	①生活を共にしないアドボケイトを子どもが信頼して、自分の思いを率直に語ることは難しい。	2
	②子どもの言動の背景にある思いを理解するには時間を要するため、アドボケイトが子どもの言動に振り回される。	3
	③子どもが職員よりもアドボケイトを信頼するようになった場合、職員間のチームワークに混乱をもたらす。	1
	合計	6（26.1）
子どもの表現方法に関わる困難	④自分の思いを言語化することが苦手な子どもの思いを、アドボケイトが的確に理解することは難しい。	2
	⑤障害を持つ子どもの個別的な表現方法を理解した上で、アドボケイトが思いを汲み取って理解することは難しい。	1
	合計	3（13.0）
アドボケイトの役割の限界に伴う困難	⑥子どもの思いを聴いても、それが実現できない場合、子どもに失望感をもたらす。	3
	⑦子どもの思いを聴いても、それが施設の支援方針に沿わない場合、職員にジレンマをもたらす。	0
	合計	3（13.0）
職員とアドボケイトの関係に関わる困難	⑧アドボケイトと職員の間に意見の違いや対立をもたらす。	2
	⑨子どもに対するアドボケイトの責任の所在が不明瞭であるため、職員と信頼関係を作ることが難しい。	1
	⑩既存の権利擁護制度との関連が不明瞭であるため、職員に混乱をもたらす。	1
	⑪アドボケイトの定期的な訪問に関わる連絡調整など、職員に新たな業務をもたらす。	1
	合計	5（21.7）
その他	⑫その他	3
	⑬懸念されることはない。	2
	合計	5（21.7）
未記入		1（4.3）
合計		23（100）

抽出した職員の発言から19のサブカテゴリーを見出し、それらを6カテゴリーに整理した（表5-5参照）。

表5-5　訪問アドボカシーサービス導入への懸念

カテゴリー	サブカテゴリー	発言内容
入所児童の実態	語彙の少なさと言語化の弱さ	学力が低く言語化する力がない／語彙が少なく不快な言葉で集約する／相手に誤解されるような言い方をする
	発信下手	自分から発信していくには練習がいる／人見知りの度合いが高い／場面や状況によって会話量が変化する
	真意理解の難しさ	虚偽的な子もいる／自分が発信することでおとなが動くのが嬉しくて何度も繰り返す子もいる／本当の言葉が出る時もあれば気持ちと違う言葉が出る時もある／気がつくと誘導になっている
	今すぐ答えを求める傾向	子どもはすぐ答えが出るのを待っている／常勤でないので日常生活のなかで今聞いてほしいという時は電話しないと繋がらない
	おとなへの不信感と時間がかかる信頼関係の構築	（入所したばかりの）大きい子はおとなを信用しない傾向がある／おとなをよく見ており話を聞いてくれる人はわかっている／子どもが変わるたびに毎回（職員は）仕切り直しが必要／おとなに対する信頼や信用は時間をかけないと出てこない
職員の不安	役割のわかりづらさ	この人はどういう人で何をしてくれる人がかがわかりにくい／この人に言えば何でも実現すると思われたら難しい／家庭への引き取り施設変更の希望が子どもから出た時のアドボケイトの役割は？／子ども同士の加害－被害　子どもの問題行動（万引きや犯罪　暴力等）のときの対応は？／卒業が直前に迫ってる子には単なるガス抜きではなく教えていく必要がある／自由やお金に関する要求を代弁してくれと言うと思うが　しつけ教育の部分をどう担うのか／（面接時の）記録をとるのは普通じゃない
	子ども中心の立場に対する不安	子どものやりたいようにすることが最善の利益のように思われている／アドボケイトと施設が対立ではなく両方とも子どもに向いている関係が大事／（アドボケイトが）施設の責任を追及する側になると難しい／（子どもが）アドボケイトに信頼を寄せ職員との関係がうまくいかなくなる／一方的に（子どもやアドボケイトから）言われると職員がシャットアウトしてしまう
	守秘されることへの不安	子どもの話をそのまま受け止め秘密にされることへの不安／子どもは周囲の関係者それぞれに相談しているので共有が必要／周りの人たちには情報が入らず収まりがつかなくなって相談されても困る
	子ども及び施設についての限られた情報下での活動の危険性	（子どもの）課題や（施設の）諸々を理解しないと（子どもが）言って意味はわからない／短い時間でその子の全部を知るのは難しい／（子どもの不適切な行動を）判断せずに聞くだけというのは（困る）／中立性をどう担保するのか／代弁することになるだろうが（子どもと施設側）両方を調べないと（真意は）わからない／他者に伝わったときに言葉は一人歩きする可能性がある
施設の反応	聴くだけで終わる可能性	来て話を聴いても結果が出ないことがたび重なるおそれがある／（子どもの意見を）施設長やケースワーカーに伝えても多分変わらない
子どもの変化（懸念）	あきらめ感の増幅と自己肯定感の低下	子どもの思いを聴いてもそれが実現しないと失望感、諦め感が増幅される／自尊心を逆に下げてしまう

第5章 児童養護施設職員にとっての訪問アドボカシー導入のニーズ・懸念・資質

カテゴリー	サブカテゴリー	発言内容
施設の運営管理上の懸念	全体の利益・公平性と個別ニーズの調整の難しさ	（子どもの要求を）叶えることが全体の利益にならないことを理解できない子もいる／職員は公平性をもって指導している／特別（扱い）や差別がないように／個人の部屋・自由に使えるテレビ室・門限・小遣いの値上げなど 経済的・教育的な面で子どもの要望は受け入れ難いところがある
	施設の主体性への脅かしと対立構図の発生	主体性をこちらが持てるかどうかというあたりが実施してみないとわからない／施設が（アドボケイトの役割を）理解したうえで受け止めていかないと よくある構図（見張り番）になる／（施設の事情を）わかってもらってやることが一番／職員との意見のくい違い 施設との対立構造の可能性
	気になる行政の反応	役所に伝わると……役所も今はピリピリしている／ハガキがダイレクトに本庁にいくと 施設は問われ 難しい／指定管理の施設は波風立つこと自体がマイナス要因
	職員の負担増加と疲弊	ケースワーカーも施設職員も動いているのに 事情を知らないアドボケイトに言われることの不快感／余裕のない職員にとっては過剰激になり辞めてしまう／業務量を増やす／たくさんのケースを持つなかで 要望がたくさんあがると優先順位がつけづらくなり行き詰まる／担当者を置くだけの余裕がない／（このサービスで）子ども（の声を聞くこと）は担保できるが 職員を疲弊させないことの担保がない
サービス導入を実現するうえでの課題	既存の制度も含めたアドボカシーサービスの体系化	既存制度（臨床心理士、第三者委員等）との棲み分け／子ども権利ノート対応室・いじめホットライン・学校関係の相談窓口・児童相談所など あまりにもかぶっており 子どもも職員も混乱する／日本におけるアドボケイトの概念、価値観の体系づくりが必要
	アドボケイトの養成、研修システムの構築	トレーニングを受けた人の確保／アドボケイトの精神衛生への支援／施設出身者を養成することへの疑問／子どもに振り回されることを防止するためのアドボケイトをコーディネートする人材の必要性
	行政による制度化	児童福祉のフレームの中で、（アドボケイトの）存在を正しく認知するのは行政／第三者評価みたいに受けなければならないという枠でこないと定着しづらい／派遣団体の信頼性と 活動の継続性への疑問／アドボカシー団体は独立した権限のある機関がならないと現場は混乱する
	施設内での理解の醸成	施設はこの制度を理解して運用することが求められる。余計な所から子どもの意見を聞きにきているという認識を施設側が持つとよくない／職員にも温度差は必ずある。……施設の受け入れ態勢をどう持っていくかが第一段階

内容を見ると、入所児童の実態に始まり、日本には存在しないアドボケイト（役割）への不安、予測される施設の反応、危惧される子どもの変化、個別のニーズと施設の運営管理との調整の難しさ、気になる行政の反応、サービス導入にあたっての課題などが語られた。
　以下、カテゴリーごとに内容を見ていく。

(1) 入所児童の実態
　【入所児童の実態】は５つのサブカテゴリー、〈語彙の少なさと言語化の弱さ〉〈発信下手〉〈真意理解の難しさ〉〈今すぐ答えを求める傾向〉〈おとなへの不信感と時間がかかる信頼関係の構築〉に整理できた。

〈語彙の少なさと言語化の弱さ〉〈発信下手〉〈真意理解の難しさ〉
　ニーズ調査で述べられた子どもの実態と共通していたのは、言語化能力の低さであった。ニーズでは、子どもたちの「言えない様子」が語られたが、ここでは「不快な言葉」で気持ちを表現したり、「誤解されるような表現」をしたりすることへの懸念が語られた。そのほかの傾向としては、人見知りが強いことや、虚偽的な子どもや、おとなを操作する子ども等、真意を理解することの難しさと、「おとな側の誘導」になってしまう危険性が語られた。

　　「言語化ですかね。自分の気持ちを言語化するのが上手じゃない子どもは、違うように相手に捉えられるような言い方をしてしまう。『させられている』とか、『言われている』、『命令されている』とか、そういう言い方をしてしまう子どもはいるだろうなぁとは予測されます」

〈今すぐ答えを求める傾向〉〈おとなへの不信感と時間がかかる信頼関係の構築〉
　子どもの特徴として「すぐに答えを求める傾向」、「言えば叶えてくれる」と勘違いされる可能性等が出された。また、おとなとの関係形成の難しい子どもたちが多いこと、よくおとなを観察していること、子どもの信頼や信用

を勝ち得るには時間が必要なことなどが語られた。

　「この人に言ったら何でも実現するみたいな話に子どもがなっちゃうと、難しいですよね」
　「いろいろ厳しい状況を経験してきているので、おとな自身に対する信頼とか信用というのも、かなり時間をかけないと出てこない。そのうえで初めてコミュニケーションがとれるようなところもあるようには思うんです」

（２）職員の不安
【職員の不安】は４つのサブカテゴリー、〈役割のわかりづらさ〉〈子ども中心の立場に対する不安〉〈守秘されることへの不安〉〈子ども及び施設についての限られた情報下での活動の危険性〉に整理できた。

〈役割のわかりづらさ〉
　アドボケイトは日本では聞きなれない呼称である。役割のわかりづらさは当然存在すると思われる。そのため、役割のわかりづらさについては、職員はもとより、子どもも混乱するという意見が多数寄せられた。

　「子どもたちは、例えば『いつも遊びに来てくれるお姉さん、お兄さんではないの？』というとこらへんではかなり混乱をすると思うんですよ」
　「直接言ってもどうせもう無駄じゃないかと。現状を自分では変えられないと思っていて。それなら、アドボカシーを利用したい。アドボカシーさんやったら、多分そのへんを動いてちゃんと結果を出してくれるだろうっていう、そういう思いになると思うんですね」

〈子ども中心の立場に対する不安〉
　ここでは、アドボケイトに中立を求める声が多かった。「アドボケイトと施設が対立ではなく両方とも子どもに向いている関係」「施設の責任を追及する側になると難しい」「子どもがアドボケイトに信頼を寄せ、職員との関係がうまくいかなくなる可能性」等が語られた。

　　「子どものやりたいようにしたら、それがさも最善の利益のような形でね。（中略）いやいや、それはそっち側に立ちすぎていない？って話があるんです」
　　「本当に中立でという、本当の橋渡しだけで聞いてそのままで次に渡していくという、そういう中立性みたいなところがどういうふうな形で担保するのかというあたりとか」

〈守秘されることへの不安〉
　ここでは、「子どもの話をそのまま受け止め秘密にされることへの不安」「周囲の関係者と情報を共有することの必要性」などが語られた。養育者として少しでも子どもに近づき、子どもの最善の利益を考えたいと努力している施設職員にとっては、アドボケイトと子どもとの間で秘密がつくられることは不安の種になることがわかった。

　　「本当に、労働時間も気にせずに打ち込んでる職員にとっては、何もその子が話してた内容を聞けないっていうのは、ちょっと不安はあるやろうし、距離感が出てくるやろなと思う」

〈子ども及び施設についての限られた情報下での活動の危険性〉
　ここで述べられたのは、「子どもの背景や施設の仕組みを理解しないと子どもの発言の意味はわからない」こと、「子どもの不適切な行動を（判断せずに）聴くだけというのも施設側にとっては困る」ことなどであった。

「ボランティアさんでもよくあるんですね。子どもとすごく関係がよくって、その人たちは二人の世界でいいかもしれないけど、周りの人たちは情報が入ってこないし、どんどんこういう枠からはみ出ていって、どうしても収まりつかないようになってしまって。で、最後まで面倒見られるのかといったら、濃くなれば濃くなるほど難しくなってきますよね。手に負えない相談を受けてくると、そこになって初めて『こんなふうに言ってきて困るんですけど』とかっていうことが、よくあるパターンですよね。え、もっと早く言ってくれないと、こんなにこじれてしまってどう修復するのみたいな」

(3) 施設の反応——〈聴くだけで終わる可能性〉
【施設の反応】は1つのサブカテゴリー、〈聴くだけで終わる可能性〉に整理された。

〈聴くだけで終わる可能性〉
　アドボカシー活動は「子どもの声を聴くだけ」で終わる可能性があることの指摘が出された。施設側の、子どもたちの要求に応えることはできないという現状が「結果が出ないことの繰り返し」や「施設管理者に伝えても多分変わらない」という言葉で語られた。

「子どもたちにとってはですね、『何でもすぐやります』みたいな人が欲しいというのが多分要望なんですよ。目に見えて動いてくれる人。施設職員は、あとであとで、待って待って、今忙しいからという理由で、結局子どもは、自分が今すぐにそれをやって欲しいことができないことに対して不満を持っていますから（中略）そこを欲しがると思うんですね。『じゃあ言っておくわ。施設長に、ケースワーカーに言っとくね』って言っても多分変わらないと思うんですね。結局施設が動いてないんで

すからね。そこで子どもたちは、えっ何で、となりますよ」

（4）子どもの変化（懸念）──〈あきらめ感の増幅と自己肯定感の低下〉
【子どもの変化（懸念）】には1つのサブカテゴリー、〈あきらめ感の増幅と自己肯定感の低下〉が含まれている。
　アドボケイトは、思いを聴くだけで、出された要望が実現されない時の子どもへの影響を危惧する発言であった。

「発信する子ども側は変わってほしい。でも現実的にはなかなか変わらないという状況があるわけですよね。『……言ったのにしないじゃないの』ってなったらますますあきらめるというね。……自尊心みたいなものを逆に下げてしまうことになるだろうし言っても駄目だって。もともと施設で生活する子どもたちって、そういう自己肯定感の低い子たちがけっこう多いので、そのあたりが、傾聴していくのと、それを伝えていくのと、どううまくやれるのか……」

（5）施設の運営管理上の懸念
【施設の運営管理上の懸念】は4つのサブカテゴリー、〈全体の利益・公平性と個別ニーズの調整の難しさ〉〈施設の主体性への脅かしと対立構図の発生〉〈気になる行政の反応〉〈職員の負担増加と疲弊〉に整理できた。

〈全体の利益・公平性と個別ニーズの調整の難しさ〉
　訪問調査のインタビュー対象者に施設管理者が多く含まれていたために、アドボカシー活動によって上がってくる子どもたちの要望（個人の部屋、自由に使えるテレビ室、門限、小遣いの値上げ等）と、運営管理で大切にしている全体の利益・公平性、経済的・教育的側面とが相いれないことを心配する声が多数挙げられた。

「指導のなかで、僕らもある程度公平性をもって指導をしているんですけれども、あの子だけは特別とか、あるいは差別しているということがないようにしているんですけど、本人が、公正に指導しているなかで、いやいやそれは不満だと、じゃあ施設側の主張と子ども側の主張と、(アドボケイトは) どう間を取り持ってくれるんだろう」

〈施設の主体性への脅かしと対立構図の発生〉

施設の立場と子どものニーズが対立するとき、「アドボケイトはどこまで介入してくるのか」、アドボケイトを導入した場合、「アドボケイトと施設が対立構図になるのではないか」という意見は少なくなかった。「施設の事情をわかってもらって入ってもらうことが一番」という発言もあった。

「(アドボケイトが) どんな形で入ってくるのかが、もう一つ具体的にイメージできないのでね。そんなに深く関わってくるようになるんでしょうかね。ちょっとそこら辺がもう一つわからないから、そうなってきたら、やっぱりいろいろ問題が出てくるでしょうけどね」

「懸念されるのは、うちの場合はやっぱり職員との意見の違いですよね。結局 (職員は) 『自分たちが一番よく知っている』っていう意識がありますので」

〈気になる行政の反応〉

それら一連の動きに対して、行政がどう反応するかを危惧する声もあった。背景には、「施設職員の仕事を行政に理解してもらえていない」という思いがあった。

「逆手にとって敵に回されたんではね。計画的にやっているんじゃないかなって、本当にぎりぎりのところで施設の職員が仕事をやっているのをわかってもらっていないんですよね。ちょっと役所に言ったら役所

も今敏感だからピリピリしているから」

〈職員の負担増加と疲弊〉
　ここでは、アドボケイトの訪問が職員にもたらす負担について述べられた。「業務量の増加」に加え、子どものことを十分理解していない「第三者」のアドボケイトから子どものことを言われる「不快感」が挙げられ、子どもアドボカシーが「子どもの権利は保障しても職員の権利保障を担保するものではない」という指摘があった。

　「日々生活してるおとなと違うおとなに対して、子どもが自分の生活とか、おとなに対してしんどさを出した時に、それを伝えてもらって、そこがうまいことコミュニケーション取れればいいですけど、職員もいっぱいいっぱいのなかやと、過刺激になって『もうしんどいからやめてしまう』とか、そういう要素にはしたくないなというところが一番ですね」
　「今、私どもが取り組んでいることは、子どもたちの忌憚(きたん)のない意見を聴くと言うことと、それから職員を疲弊させないというのが大きな目的です。今回のアドボカシーサービスについては、子どものほうはきちっと担保できるだろうということは予測が立つんですが、職員のほうはどうかなと」

(6) サービス導入を実現するうえでの課題
　【サービス導入を実現するうえでの課題】は４つのサブカテゴリー、〈既存の制度も含めたアドボカシーサービスの体系化〉〈アドボケイトの養成・研修システムの構築〉〈行政による制度化〉〈施設内での理解の醸成〉に整理できた。

　アドボカシーサービスとしては「子どもの権利ノート」や第三者委員、苦

情解決相談員等いくつものサービスが始まっているが、それぞれが重複しており体系化する必要性があること、サービスの信頼性や継続性を高めるためには、アドボケイトの養成・研修システムの構築や行政による制度化の必要性、施設内職員の意識変革も含めた受け入れ態勢の準備などが必要なこととして挙げられた。

〈既存の制度も含めたアドボカシーサービスの体系化〉
　ここでは既存制度（臨床心理士、第三者委員、子ども権利ノート相談室、いじめホットライン、学校関係の窓口、児童相談所等）との棲み分けの必要性、日本におけるアドボケイトの概念や価値観の体系づくりの必要性が語られた。

　　「（費用も必要だが、訓練や）まず導入の前に、日本におけるアドボケイトというか、その概念というか、価値観というんですか。その体系づくりみたいなのが必要ですよね」
　　「やはり、今の権利擁護の制度との関連が、やはり僕としては、やっぱりあまりにもかぶっていたり、明確になってないので、子ども自身も何を使ったらいいのかとか、誰が、じゃあそれをやるのかということが、全部明確にされていないということは、職員に混乱を与えるのではと。（中略）棲み分けして、これはアドボケイトにお願いしたらいいよ、これはケースワーカーにお願いしたらいいよとか、また本庁にも『子どもの権利ノート』の対応室がありますから。いじめホットラインとか、学校機関もありますし、いろんな相談機関があって、それをケースワークするのは誰かなと思いました。今は、児相がそれを担ってくれていると思います」

〈アドボケイトの養成・研修システムの構築〉
　ここでは、「トレーニングを受けた人の確保」や「アドボケイトの精神衛生への支援やアドボケイトをコーディネートする人の必要性」などがあげら

れた。

　「アドボケイターを認定する段階で、行政としてふさわしいのかどうなのかというあたりがなかなかね。(中略)一定の要件を満たせば資格としては取得できるというのが現実なので」

〈行政による制度化〉
　ここでは、派遣団体の信頼性や活動の継続への疑問があること、アドボケイトの存在を認知するのは行政であること、独立した権限のある機関がならないと現場は混乱することなどが語られた。

　「……これはあれですか、競争入札って、いろんな団体がたくさん複数あるんですか。逆に言えば、行政機関に反対意見をあまり言えなくなるんではないんじゃないですか。……たとえば、子どもの権利ばっかり言って、行政機関に反発するんやったら、この団体外そうとか」
　「児童福祉の中でのフレームのなかに、そういう存在（アドボケイト）を正しく認知するのは行政ですよね。最終的には」

〈施設内での理解の醸成〉
　ここでは、「余計な所から子どもの意見を聞きに来ているという認識を施設職員が持たないように」この制度を理解して運用することの必要性が述べられた。

　「職員にも温度差っていうのは必ずあると思うんですよね。子どもに対する見方もそれぞれなので、この辺で子どもにアドボケイトがついたときに職員間でどういうふうに理解していくかっていう部分っていうのが一番スタートの時点で難しい部分。受け入れれるか、受け入れないかっていう時点でもう多分いろんな意見が出てくると思う。で、どの子に対

してそのサービスを利用するんやというのも。大勢やけれども、ある程度やっぱりこの子たちが落ちついてくれればいいなっていうふうな見込みみたいなのも持ってじゃないとなかなか、ポンッと来て受けるっていうわけにはいかないので、チームワークとか施設の受け入れ態勢をどういうふうに、まず持っていくんかというところがまず第一段階」

　6つのカテゴリー、19のサブカテゴリーを発言内容を取り上げながら紹介した。

　概観すると、誤解されるような発言をしやすい子どもたちの現状に加え、アドボケイトの役割のわかりづらさはもとより、アドボカシーサービスの原則は、職員に大きな不安をもたらすこと。一方で、子どもの要望に応えきれない施設の現状が予測されるだけに、この取り組みは、子どもやアドボケイトと施設の対立構図を生じてしまう可能性も指摘された。そのため、このサービスの導入に当たっては施設内外での準備が必要という意見であった。

4　アドボケイトに求められる資質

　アドボケイトに求められる資質について自由に語ってもらった結果を次頁の表5－6に示した。求められる資質としては、子ども理解、施設理解の他に、ありのままの子どもを受け止める技術、アドボケイトとしての価値観やパーソナリティにまで広がった。最後にピアアドボカシーについての見解を知るために、入所児童としての当事者経験や職員としての経験がアドボカシー活動に及ぼす影響について意見を求めたので、併せて報告する。

表5－6　アドボケイトに求められる資質

カテゴリー	サブカテゴリー	発言内容
社会的養護と施設の知識	養護問題が子どもに及ぼす影響の理解	子どもたちの背景・施設入所の過程など子どもの置かれている状況の認識が必要／児童養護とか少年問題 社会的養護出身者の事件とかに関わっている成年後見人とかだったら施設も役に立つ／子どもに関わった経験もいいが、児童養護にいる子どもたちは背景が違うのでそこを理解してる人／子どもとおとなとの関係ができないなかで育ってきていることを理解している人
	施設における子どもの生活と支援の理解	子どもの日常と子どもの入所理由などを考慮しながら現場の職員は対応しているので それを理解できる人／ある程度の長い見通しをもって施設は子どもを見ているので それにもとづいて子どもたちを見てくれる人／（施設の）状況をわかった人じゃないと（職員も）信頼して話ができない／施設には独特の言葉がある 生活の流れ一つでも「食堂」とか「おつかれさま」とか……そういう感覚を理解できる人／自立をどんなふうに支援していくのかというところを理解してる人
	障害児の特性理解	どの施設も 発達障害であったり 軽度の知的障害であったり 被虐待の子どもたちもたくさん在籍しているので 障害児へのさまざまな関わりのできる人／関係を創るという意味では 言語とか一般のお子さんよりちょっと遅れている そのためより多くの支援が要るので 少し時間を要するが それを過ぎれば 障害の子どもたちのほうが かえってすっきりとストレートに伝えてくれるかも知れない ただ 言語を持っていない方がたくさんいますので 絵を用いたり 本を用いたりとか そういうのを使える人
コミュニケーション技術と状況判断力	子どもに傾聴し、思いを受け止める技術	聴き上手な人「こうしたほうがいいんじゃない」と言わずにとことん聴いてあげられる人／無条件に受け止める人／いったん受け止めたら最後まで受け止める人／「わかった わかった」っていうふうにしてあげられるような関わり／子どもはおとなを見ている 言っても無駄だと思ったら言わなくなる
	子どものメッセージを理解する技術	子どもの気持ちを正確に把握する／子どもの気持ちを汲み取る／子どもの本当のニーズを見極める／聴く姿勢／子どもに何かしら関わったことがある人
	子どもを誘導しない技術	人は何かあったことに対して、すぐ判断する癖があるので、私やったらこうするとか、こうしたほうがいいと思いながら聴いていると、そっちに持っていきたくなる／ジャッジしないこと いいとか悪いとか どうしようとか決めない／聴くだけならいいですけど、あおったりする／自分のやっていることを言語化できない子どもの場合は 言語化することでわかってもらうということもあるが それをやりすぎると 落としどころはここみたいなことになる
	子どもの声だけに偏らない状況判断力	子どもに振り回されない訓練を受けた人／職域というところで、きちんと線が引ける人／（職員は）あなた（アドボケイト）に言われなくてもわかってるけど、でもどうしたらいいかわからず困っている。それを……言いやすい人／子どもの背景は職員の解説がないとわからないので、職員と協調して一緒に考えてくれる人／論理立てて物事を判断できる人。頭の良さもいる／「誰かに叩かれた」とか「こんな思いさせられた」ということを表現するので、そこで過敏に反応されてはチームが乱れる／課題を明確にしながら、施設の現状は現状でやっていける人／自分の立場を客観的にとらえ、……コントロールできる人……。「私は本当に子どもの味方ですよ」っていう人も来てほしくない……子どもの悪いところも職員の悪いところも公平に見てくれる人／園との関係づけ、園にどうフィードバックしてくれるか／（職員との）橋渡しが非常に（重要）アドボケイトにもジレンマが生まれてくる可能性がある

カテゴリー	サブカテゴリー	発言内容
価値及び信念	人権感覚	権威的に上から入ってくる人に 子どもは話をしないと思う／「自分たち（アドボケイト）はここまでしかできません」とか伝えるのは良いことだと思う 小学生に対しても一人の人権を持った人として関わるっていうところですごく誠実だと思う
	固定観念の排除	社会福祉の勉強されてる方の中にも（子どもは）里親で養育されるべきで施設を否定するとか、頭からそういうふうに思っている人はだめなんじゃないかな／アドボケイトって結構難しい ワンマンな人がなったらすごい 制度をちゃんとわきまえて行動する人でないと／フラットな当たり前の感覚をもっている人 どっかによらない（偏らない）方がいいような気がする／ある意味ピュアな方がいい へんな先入観を持たずに聴いて ああそうか よかったね 嫌やったねとか 多少の感情の共感はしながらも「言って」って言えば言って「言わなくていい」と言ったら「そう」って言える人
パーソナリティ	相手に責任感と安心を感じさせる個性	子どもに安心させることができる人ですよね この人に言ったら大丈夫だと思えるような それだけの責任感と安心感を持っている方／最低でも歓迎されるか くらいのことはいるでしょうね その人に話してみたいなと 言えないこと このおっちゃんにやったら 言ったらあかん言ってくれるよねと期待させるとか 期待してもらえるくらいの 何かその信頼関係取れるためのものがいるんでしょうね 資質というか 訓練というか
	冷静さ	冷静で淡々としてる人／（思いを）引き出すところでは相槌とかいろんなものは必要だが、心は静かなっていうか平坦なというか そういう状態の人がいい／熱過ぎる人はよくない「俺がやってやる」みたいな人は／感情的にわーってなる人はちょっとしんどいかもしれない／子どもはいろんな人との摩擦をどうしても起こしてしまって傷ついている 自分でどうにもならなくって起こしてしまうんだけど それに対して（アドボケイトが）いろんなことしてくれたとかっていうふうになるとすごいプレッシャー 私関係ないよ 好きにしてっていうほうが子どもにしたら楽／保育とか 社会福祉士の そういう資格を持ってる子 心理を勉強してきた子は距離をきっちり置いてできる

分析の結果 11 のサブカテゴリーを見出し、それらを 4 カテゴリーに整理した。【社会的養護と施設の知識】【コミュニケーション技術と状況認知力】【価値及び信念】【パーソナリティ】である。
　以下、カテゴリーごとに内容を見ていく。

（1）社会的養護と施設の知識
　【社会的養護と施設の知識】は、〈養護問題が子どもに及ぼす影響の理解〉〈施設における子どもの生活と支援の理解〉〈障害児の特性理解〉の 3 サブカテゴリーに整理できた。サブカテゴリーごとに発言内容を報告する。

〈養護問題が子どもに及ぼす影響の理解〉
　ここでは、「養護施設の入所児童が置かれている状況の理解」「子どもとおとなの関係ができないなかで育ってきていることへの理解」ができる人を求める発言がみられた。

　　「どういう子どもたちが入所しているのかとか、どういう子どもたちの背景があるのかとか、施設に入居しなければいけなかったその過程ですね。児童養護施設の経験があるないに関係なく、そういう子どもの置かれている状況というものをしっかりと認識、把握されている方ですかね」
　　「（子どもに関わった経験でも）いいのかなとは思いますが。ただ児童養護にいる子どもたちって、それぞれ背景が違うので、そこら辺を理解している人じゃないとちょっと厳しいかなとは思います。だって、いざ面と向かうとしゃべらないとか、何か口調が荒いとかで傷つく人（アドボケイト）もいるんじゃないかな」

〈施設における子どもの生活と支援の理解〉
　ここでは施設が独特の言葉や生活の流れを持っているので、その感覚を理

解できる人が求められていた。また、施設側は子ども一人ひとりに先の見通しをもって養育しているので、「現場の職員の対応」や「それ（施設側の計画）に基づいて子どもを見ることができる人」を求めていた。

　　「職員サイドの立場もある程度わかるほうがよいかもしれないですね」
　　「子どもの日常を観ていただいて、その背後にある子どもの背景というか、入所理由と言うことも考慮しながら、現場の職員は対応しているので、それを一緒に理解していただければありがたいなぁとは思います」
　　「自立をどんなふうに支援していくのかっていうとこら辺（を理解して、知っていて欲しい）」

〈障害児の特性理解〉
　厚生労働省の調査では、養護施設入所児童の28.5％に障害があるという。そのうち、最も多かったのは知的障害であった。（2015：6）。今回の調査でもそのことが挙げられ、子どもの持つ「障害を知る」「知ったうえで関わる」ことの必要性が語られた。

　　「その子に関する情報を持っている。この子の障害を知るということですね。知ったうえで関わるということですよね。子どもとコミュニケーションを取るなど、そのことの意思疎通を図るために必要な情報ということですよね……障害の子の場合そういうことを知っておかないとコミュニケーションが取れないからですよね」

（2）コミュニケーション技術と状況判断力
　【コミュニケーション技術と状況判断力】は、4サブカテゴリー、〈子どもに傾聴し、思いを受け止める技術〉〈子どものメッセージを理解する技術〉〈子どもを誘導しない技術〉〈子どもの声だけに偏らない状況判断力〉に整理で

きた。

〈子どもに傾聴し、思いを受け止める技術〉
　ここでは、「とことん聴く」「無条件に受け止める」こと、「いったん受け止めたら最後まで受け止める」ことの重要性が語られた。「最後まで受け止めきる姿勢を持ち続けること」について語った以下の職員の示唆は重要である。

　　「いったんそれを受け止めてしまうと、最後まで受け止めないといけないと思うんですよね。『あなたのやり方、違いますよ』って言ってね、そこで切り離すのはできないので。『今、何でも言っていいと言ったじゃないの』って。もし、そういうお子さんにあたった時でも、最後まで引き受けてくれるっていうことでなければ、最初は聴いていたけど、『いや、あなた違うよ。聴きません』ということでは、そういうふうになっちゃうかどうかは、わかりませんけど、そういうふうなムードになると、見捨てられ感が、またね。子どもについてしまうので、そのへんは注意深くしないと」

　施設で子どもと出会った時に、新任職員や実習生が受ける「子どもからの試し行動」をアドボケイトも受ける可能性がある。アドボケイトが子どもを受け止める時に、粘り強く、一貫した受容の姿勢で関わることができなかったり、また疲弊してしまったりすることは、結果として、子どもに再び「見捨てられ感」を与えるリスクがあるというのである。

〈子どものメッセージを理解する技術〉
　ここでは、「気持ちを正確に把握する」「気持ちを汲み取る」「ニーズを見極める」などなどの必要性が語られた。その受け止めも、「言い方や表現」

に振り回されず、「そのまま受け止めて意味を探る」ことの大切さが語られた。

　「子どもって何気ない言葉とか。で、あんまり考えないで言ったりするんだけれど、それをどういうふうな意味があるんだろうとかってすっごい考えちゃうと、全然違うもんやったりするので。それをそのまま受け入れて、『あ、そうなん』とかって言うぐらいで、受け止めてくれる人のほうがいいかもしれない」
　「子どもたちが何か言いたいこと。それがまぁどういうふうに表現されるかは別として、何らかの意味があるので、どんな言い方でも、どんな言葉でも、受け止めていきたいとは思います」

〈子どもを誘導しない技術〉
　ここでは、聞く側が持つ「判断しながら聞く」ことの危険性、「私だったら……とか、こうしたほうがいい……」という聞き方の危険性が語られた。また、「あおらない」こと、おとなが言語化することの必要性を認めたうえで、それをやりすぎることの危険性が語られた。

　「人間の頭は、何かあったことに対してすぐ判断するという癖がついているので、『私やったらこうするなとか、こうしたほうがいいのに』と思いながら聴いていると、そっちに持って行きたくなるようなこともあるし」
　「ジャッジしないということですよね。いいとか悪いとか、どうしようとか決めない。これは私たちも、いつも、それ、ひっかかってて。そういうふうにやりたいなぁと思っているんですけど、日常の生活でもね、ジャッジしないように。本人がそういうふうに思ってくるわけで、放っておいても。なのに、こっちで決めていくっていうのは、……難しい」

〈子どもの声だけに偏らない状況判断力〉
　ここでは、子どもの発言に「振り回されない訓練を受けた人」「過敏に反応しない人」「自分の立場を客観的に捉え……コントロールできる人」「子どもと施設側の立場を公平に見れる人」を求めていた。

　「関係が取れ始めたりしても、とにかく、子どもに振り回されたり、気持ちがあるから、子どもの話を聴いて喜ぶほうは簡単なんだけど、ちょっとやっぱり、あの辛い過去の話とか、……それこそ性的虐待について目の前で告白なんかされたら、『今この場で言うのが初めてなんですけど』なんて言われたら。そら巻き込まれないようにする方がちょっとやっぱり大変やろうから、これは時間が解決することではないような気がするので」

　「『私は本当に子どもの味方ですよ』っていう人も来てほしくない。だって、そうなると、公平にお互いにあるわけじゃないですか。子どもがいいところもあるし、職員がいいところもあるように、子どもに悪いところもあって、職員にも悪いところがあって。そういうのを公平に見てくれないと、子どもが言ったら『そうね、そうね、そんな大変なことがあるのね』って言って、そのまま職員側にバンッって言われるとね。は？ってなっちゃうので」

（3）価値及び信念
　【価値及び信念】は、2サブカテゴリー、〈人権感覚〉、〈固定観念の排除〉に整理できた。

〈人権感覚〉
　ここでは子どもに誠実に対応することの必要性が語られた。

　「自分たちはここまでしかできませんよとか、こういうことですよっ

て伝えるのはまず良いことだなと思ったんです。小学生に対しても一人の人権を持った人として関わるっていうところですごく誠実だなと思う」

〈固定観念の排除〉

ここでは、こうなければという固定観念でなく「フラットな当たり前の感覚」「先入観を持たない聞き方」などの大切さが語られた。

「何かこうフラットなところが当たり前の感覚をもっている。どういったらいいのかな、何かどっかによらないほうがいいような気がする」

「あるいは施設に過度に批判的というか、もう頭から、特にいろんな社会福祉の勉強されてる方の中にも、里親で養育されるべきで施設を否定するとかですね。頭からそういうふうに思っている人はだめなんじゃないかなと」

(4) パーソナリティ

【パーソナリティ】は、2つのサブカテゴリー、〈相手に責任感と安心を感じさせる個性〉、〈冷静さ〉の二つに整理できた。

〈相手に責任感と安心を感じさせる個性〉

子どもを安心させるような雰囲気、話してみたいと思わせる態度の必要性が語られた。

「子どもを安心させることができる人ですよね。この人に言ったら大丈夫だと思えるような、それだけの責任感と安心感を持っている方」

〈冷静さ〉

ここでは「熱すぎない」、「冷静で淡々としている」、「心は静か」というよ

うな言葉で冷静さが表現されていた。

「情熱があるうちはやっちゃいけないような気がする」
「よくお話をしていると施設の話聞きたいとおっしゃって、だけどもすぐに泣く方とかいらっしゃるじゃないですか、もう気持ちが。そういう方は多分向いてないとは思うんです」

5 アドボケイトの施設入所経験あるいは勤務経験が及ぼす影響

ピアアドボカシーの是非について検討するために、アドボケイト自身の「入所」や「勤務」を通した施設生活経験の必要性について尋ねた結果を報告する。

インタビューでは、ピアアドボカシーについての職員の考えを知るために、アドボケイトの条件として、「施設で生活した経験」や「施設職員として勤めた経験」の必要性について尋ねた。

(1) 入所児童としての経験の必要性と及ぼす影響

アドボケイトの入所児童としての施設での生活経験の必要性については、「子どもの気持ちに共感できるので有効」という意見、「無いよりはあったほうがよい」「あったほうがよいが偏りすぎるといけない」という意見であった。一方で、施設の生活経験があることのデメリットも指摘された。それは自身の経験から、「子どもへ思いが強すぎて周りとうまく関係性を築けない」「自身の過去を投影して辛くなる」「支援者としての葛藤」などであった。

「（当事者がアドボケイトになることについて）それはそれで違う側面でいいと思います。経験者として体験してきたことで、アドバイスはしないということですが、気持ちを共有できる部分もあるかなとも思いますし、やはり入所前の子どもたちっていうのは、過酷な状況の中で生活してきているとは思いますので、そこの気持ちも経験されている方でしたら、すごく共有できるのかなと思いますので、いいことだと思います。ただ、

しんどくならないかなぁとは思います」

「多分、(施設生活経験者は)思いがこう強すぎて、触れると思います。自分が思っていたときの気持ちが、ふっとこう触れるので、どうしても、かなりの、かなりの技術を以て自分を制しないと、そこは、すごく触れられてしまうと思います。やるのであれば、そこはものすごく教育というか、自分を制しないと難しいかなと思います」

(2) 施設職員としての経験の必要性と及ぼす影響

施設職員の経験について尋ねたところ、職員経験については慎重な意見が多かった。理由は、「子どもより職員や施設の側に立ってしまうこと」「施設には特色があり比較できないのに比較してしまう」ことへの懸念であった。加えて、施設経験よりも資質や感覚、訓練が重要という指摘もあった。

「(経験があると)反対に子どもの立場に立てなくなる可能性のほうが強いかな。施設は厳しい運営でずっとやってきた歴史があって、ようやく最近はそれなりに何か運営できるような制度法律がありますけど……やっぱりそういう厳しい経験の時代を知っている人が、あんまり施設にきついことはよく言わないだろうなと思います」

6　考察

今回の調査結果で明らになった施設職員の訪問アドボカシーへのニーズと懸念のカテゴリー間の関連をまとめたのが次頁の図5－1である。ニーズと懸念は表裏一体の部分がある。いつも子どもを見ている施設職員としては、話を聴いて心を満たしてくれる存在としてアドボケイトは必要だと認識していたが、意見表明権の行使となると、集団処遇と個別の要望間の調整について危惧を感じていた。

本章のテーマは職員の考えるアドボカシー制度のニーズ・懸念・アドボケ

図5-1 ニーズと懸念

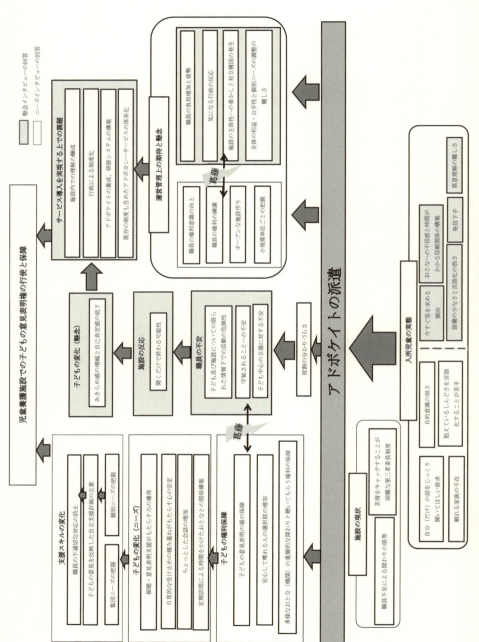

イトの資質である。職員の立場に立ちながら、以下の3つの関係について考察する。

(1) 入所児童の実態と職員のニーズ

　調査では、子どもたちの中に気持ちや考えを表現する言葉や習慣が育っていないことが語られた。背景には子どもたちの育った環境の影響、被虐待体験や障害を有する子どもたちが多いことに加え、職員配置基準の少なさによる個別の関わりの限界があった。そのため、保護と養育に責任を持つ施設職員（全社協・全国児童養護施設協議会 2008：16）は、アドボケイトに「子どもの話をじっくり聴く役割」を期待していた。日常の中に「気軽にしゃべれる環境」が整い、日常会話の中で受け止められる体験が積み重なると、子ども自身が自分を認め自信を回復していくという職員の経験からくる確信があるのだと思われる。それは「安心して自分を委ねられるおとなの存在をベースにして、子どもの生活は広がっていく。子どもは行きつ戻りつのお試しや探索を繰り返しながら、自分の周りの人、もの、事、世の中に対して関心を向け、関係を持つようになる。そのために必要なのは、児童養護施設が社会に開かれていること」（全社協・全国児童養護施設協議会 2008：63）と言われることとつながるものがあると考える。職員は「子どもが安心して自分をゆだねることができるおとなとしての存在」を求めていた。子どもの中に意見表明権を行使できる力を育てるための訪問アドボカシーの役割の一つは、子どもの話をじっくり聴き、子どもが身をゆだねられるおとなであることだと考える。

(2) 入所児童及び施設の運営管理への影響と職員の懸念

　アドボケイトの定期訪問は、子どもたちの信頼関係構築力・自己受容・自己コントロール力の獲得を可能にするなど前向きな変化をもたらし、施設の小規模化が進むなかで起こりやすい職員の孤立化や虐待に結びつきやすい独善的な関わり（橋本・明柴 2014；土屋 2014）の予防に役立つと考えられていた。そしてそれは、子どものみならず職員の権利擁護にも結びつくという発言も

見られた。一方で、この取り組みが「アドボケイトや職員に言っても何も変わらない」という失望体験で終わると、子どものおとなへの喪失感はさらに膨らみ自尊感情が低下すること、さらには職員をも疲弊させる可能性があることが明らかになった。

　職員側の懸念の一つはアドボケイトの活動原則にあった。子どもの話を守秘されることや子ども中心の活動がもたらす危険性への懸念である。施設は自立支援計画のなかで、子どもを取り巻くおとながその子どもに関する理解を共有し、連携して計画的に支援を行っていくことを基本として定めている（厚生労働省 2014；青森県社会的養護関係施設長会議 2014）。そのようななかで、子どもから聞いたことは子どもの許可がなければ施設側に対して守秘の原則を守り子ども主導に立つアドボケイトと、連携を企図する職員との協働が、実際どのようなものになるのかわからず懸念を持つのは当然であろう。児童養護施設と訪問アドボカシー実施主体が、実践を通して明らかにしていく課題であると考える。

　もう一つの理由は、全体の利益・公平性と個別ニーズの調整の難しさで、アドボケイトと子どもが施設と対立構図になることへの懸念であった。アドボケイトはあくまで一人の子どもに寄り添う存在で、施設全体を考えて中立や全体の利益を考える者ではない。限られた資源の中ですべての子どもに責任を持つ施設とは相入れない部分が残るのが当然である。その緊張関係の重要性も述べられている（栄留 2014）が、これも養護施設が子どもの意見表明権を保障するうえで克服していくもう一つの課題であると考える。

（3）アドボケイトの資質について

　今回の調査では、施設職員が考えるアドボケイトの資質も明らかになった。知識・技術・価値感・パーソナリティの4つに整理されたが、知識では子どもたちのおかれている状況理解と同時に施設を理解できる人が挙げられた。技術では、受け止める技術や誘導しない技術に加えて、子どもの声だけに偏らないコミュニケーション力も挙げられた。価値観では、人権感覚と同時に、

固定観念の排除で施設を否定しないこと等も挙げられた。パーソナリティでは、責任感と安心を感じさせる個性と同時に、子どもに振り回されない冷静さが求められた。

つまり職員は、子どもの理解と同時に施設の立場を理解できる人を求めていた。背景には、先行研究で挙げられた被虐待児のトラウマに日常的にかかわっている職員の心理的疲弊の危険（今・中野 2010）や、職員が被虐待児の対応で子どもたちから傷つけられている現実がある（坂本 2000）からだと思われた。

今回の調査では、アドボケイトの訪問が、子どもたちを安定させ、そのことが職員の自信を回復することにもつながることや、アドボケイトを通して子どもの権利のみならず職員の権利擁護にもつながる可能性が述べられ、訪問アドボカシーの機能は職員にまで波及する可能性が示唆された。

（4）日本の児童養護施設における入所児童の意見表明権の行使と保障にむけて

今回の調査から明らかになったのは、アドボケイトの存在や傾聴及び意見表明支援がもたらす子どもの安定と力の獲得の可能性、それによって職員の支援スキルが変化することである。一方で、訪問アドボカシー制度を実現するために施設・支援団体及び社会が克服しなければならない課題として、「施設内での理解の醸成」「既存制度も含めたアドボカシーサービスの体系化」「アドボケイトの養成」「行政による制度化」の四つが挙げられた。

日本の子どもたちの権利擁護制度の形骸化の原因の一つは、第三者委員等の外の機関による活動が、苦情解決にのみ主眼を置き（厚生労働省 2000）、子ども自身がエンパワーされることに重きを置いていないこと、また、意見箱や苦情受付担当者の設置等、施設内部の活動は、子どもの側にある諦め感や、じっくり向き合いたくてもできない施設環境があることだと考える。

今回の調査では訪問アドボカシーサービスが、そのいずれもを埋める活動としてこれまでの権利擁護活動とは異なる機能を持つ可能性が明らかになった。今後は、試行的実践を積み重ね、今回明らかになった課題について検討

を重ねたい。

文献

厚生労働省雇用均等・児童家庭局（2015）『児童養護施設入所児童等調査結果』9, 6.
　（http://www.mhlw.go.jp/file/04-Houdouhappyou-11905000-Koyoukintoujidoukateikyoku-Kateifukushika/0000071184.pdf, 2017.8.8）

全社協・全国養護施設協議会（2008）『この子を受け止めて、育むために，育てる・育ちあういとなみ──児童養護における養育のあり方に関する特別委員会報告書』全社協・全国養護施設協議会 16, 63

厚生労働省雇用均等・児童家庭局家庭福祉課（2016）『社会的養護の課題と将来像の実現にむけて』
　（http://www.hoyokyo.or.jp/nursing_hyk/reference/27-3s2-2.pdf, 2017.8.8）

社会福祉法人兵庫県社会福祉協議会（2010）『福祉サービス事業者における苦情解決　第三者委員ハンドブック』（https://www.hyogo-wel.or.jp/dl/complaint_daisannsyabook.pdf, 2017.8.8）

社会福祉法人山形県社会福祉協議会（2015）『第三者委員になられたあなたへ』
（https://www.ymgt-shakyo.or.jp/img/pdf/2015/1506/h27daisansya_handbook.pdf, 2017.8.8）

橋本好市, 明柴聰史(2014)「児童養護施設の小規模化に関する考察と課」『園田学園女子大学論文集』48, 147-163

土屋麻矢子（2014）「児童養護施設における心理的援助の現状と課題──施設心理職員の視点から」『近畿大学臨床心理センター紀要』7, 79-91

厚生労働省（2014）『児童養護施設運営ハンドブック』82（http://www.mhlw.go.jp/seisakunitsuite/bunya/kodomo/kodomo_kosodate/syakaite_ki_yougo/dl/yougo_book_2.pdf.2016.9.30）

青森県社会的養護関係施設長会議（2014）『より適切な対応を目指すためのガイドブック』12-16
（http://www.pref.aomori.lg.jp/soshiki/kenko/kodomo/files/1403guidebook.pdf.2016.9.30）

栄留里美(2014)「ソーシャルワーカーのアドボカシー機能の課題──子どもの「最善の利益」をめぐるイギリスの独立アドボケイトとの比較から」『九州社会福祉学年報』6, 1 - 9.

今百合・中野明徳（2010）「児童養護施設職員の共感疲労に関する一考察」『福島大学心理臨書研究』

5, 35-41

坂本正路（2000）「児童養護施設職員の受ける二次的トラウマ（心的外傷）とその回復について」『小田原女子短期大学研究紀要』30, 77-88

厚生労働省通達　2000『社会福祉事業の経営者による福祉サービスに関する苦情解決の仕組みの指針について』児発第575号

第6章 児童養護施設入所児童にとっての権利擁護制度の現状

　前章では、施設職員の立場から見た権利擁護の現状及び訪問アドボカシーのニーズと懸念が明らかになった。では、施設で暮らす子ども自身はどのように思っているのだろうか。子ども自身が活用したいと思う訪問アドボカシーの仕組みにするために、子どもへのインタビュー調査を行った。本章ではその結果を報告する。

　調査結果では、子どもにとって現状の権利擁護システムが身近なものとは言えない可能性が示唆された。今後、子どもたちにとって身近で相談しやすいものにするにはどうすればよいか、子どもたちの参画のもとに改善していくことが必要である。

1　調査の目的と方法

（1）調査の目的

　日本の児童養護施設における外部アドボカシー導入ニーズを明らかにすることを目的に、英国型の訪問アドボカシーをモデルとして、児童養護施設入所児童にインタビュー調査を行った。目的は、子どもの立場から訪問アドボカシーの導入ニーズはあるか、もし施設に訪問するとどのような懸念があるか、アドボケイトに求められる資質を明らかにすることである。また、ニーズとの関連性を考慮するため子どもの権利擁護の現状についても調査した。

　先行研究では、児童養護施設入所中の子どもへの調査は2点と少数であった。藤村（2012）は子どもたちの主体性が貧困状況下に置かれる影響を明らかにする目的で児童養護施設入所中の子ども3名に個別にインタビューを実施している。伊藤（2010）は1施設・協力児童10名を対象に個別に施設の

暮らしについて調査している。

　本研究では、①権利擁護に特化した調査であると伝えること、②3施設の入所児童25名を対象としたことで施設による偏りを緩和したこと、③個別インタビューではなく、グループダイナミクスを用いた年齢別・性別ごとのグループインタビューで意見を引き出しやすくしたこと、④各グループに児童養護施設生活経験者がアシスタントとして入ったことで、意見を出しやすくした。このことは、新たな児童福祉サービスのニーズ研究において、子どもの意見を聴取し、サービス提供体制の構築過程における子どもの参加を保障するという点で大きな意義があるといえる。

（2）調査の方法

　2015年6月、大阪府の児童養護施設3施設（Ⅰ・Ⅱ・Ⅲ施設）の小学生から高校生までの25名を対象として大学の施設にて、フォーカス・グループ・インタビューを実施した。フォーカス・グループ・インタビューは、「新しい考えや概念、やり方や解決の方法を創造する」「新しいプログラム、サービスなどの基本的な課題を明らかにする」（安梅 2011：3）目的で使われており、本研究のような新たなプログラムを検討するために行う探索的な研究に合致している。

　フォーカス・グループ・インタビューは福祉利用者の調査において「グループの相互作用によってのみ起こる深い見識が生まれる」というメリットがあり活用される例がある（Applebaum、Straker and Scott 2002）。これらのことから、「新しいプログラム、サービス」について「グループの相互作用」によって、ニーズや課題がより深く語られることを意図してフォーカス・グループ・インタビューを用いた。グループインタビューの進行・方法については安梅（2011）を参考にした。

　児童養護施設Ⅰ・Ⅱ・Ⅲは、先行して実施した職員対象のインタビュー調査の際に、入所児童へのインタビューの実現可能性について打診したところ、協力が得られた施設である。各施設の形態は、児童養護施設Ⅰは小規模グルー

プケア及び大舎制の施設、Ⅱは大舎及び地域小規模児童養護施設をもつ施設、Ⅲは大舎制である。このⅠ～Ⅲに入所している小学5年生から高校生3年生に、子ども向けに作成した調査協力依頼文書（**第7章　添付資料1**、130頁）を施設職員から配布してもらい、調査協力の了承を得られた子ども25名を調査対象とした。協力者はいずれも児童福祉法第27条により児童養護施設に措置された子どもである。インタビュー協力者の基本属性は**表6-1**にまとめた。

子どもが話しやすいと感じるグループ構成にするためには、グループ内の年齢・性別を考慮する必要がある（Vaughn,Schumm and Sinagub 1999:170）。そのため、小学生女子、小学生男子、中学生、高校生女子、高校生男子の5つのグループに分けて半構造化グループインタビューを実施した。中学生は参加人数が他グループと比較して少なかったことから、男女に分けず1つのグループとした。各グループには別々の個室を用意した。

各グループには、インタビューアーとして研究者1名、補助者として児童養護施設入所経験のあるおとな1名、大学生または市民団体の記録者1名～2名が参加した。児童養護施設入所経験のあるおとなは、インタビュ

表6-1　インタビュー協力者の基本属性

	学年	性別	入所期間	施設
A	小学6年生	女	8カ月	Ⅰ
B	小学6年生	女	7年	Ⅰ
C	小学5年生	女	3年	Ⅰ
D	小学5年生	女	1年	Ⅱ
E	小学6年生	男	10年	Ⅰ
F	小学5年生	男	5年	Ⅰ
G	小学5年生	男	2年	Ⅰ
H	小学5年生	男	2年	Ⅱ
I	中学3年生	女	12年	Ⅰ
J	中学2年生	女	11年	Ⅱ
K	中学1年生	女	2カ月	Ⅰ
L	中学3年生	女	2年	Ⅱ
M	中学3年生	男	1年	Ⅰ
N	中学2年生	男	1年	Ⅰ
O	中学1年生	男	10年	Ⅰ
P	高校3年生	女	3年	Ⅰ
Q	高校2年生	女	5年4カ月	Ⅰ
R	高校1年生	女	4年	Ⅰ
S	高校2年生	女	4年	Ⅱ
T	高校2年生	女	3年	Ⅱ
U	高校3年生	男	17年	Ⅰ
V	高校2年生	男	16年	Ⅰ
W	高校2年生	男	4年	Ⅰ
X	高校2年生	男	14年	Ⅱ
Y	高校1年生	男	9年	Ⅱ

アーの言葉を子どもたちが理解できるよう説明を加えるなどの補助を行った。なお、施設生活経験者であるということは伝えたが、自身の施設でのくらしなど個人的な話はしなかった。記録者は、協力児童の非言語的反応を記録した。

インタビュー前に緊張をほぐすため、昼食の買い出しと昼食を共にしながら、コミュニケーションを図った。その後、「アドボケイトってどんな人？」という寸劇（第7章　添付資料２、132頁）を大学生が行った。25名の協力児童全員が一同に会して、同じ寸劇を観た。グループインタビューでは、インタビューガイドに沿って、寸劇を観てアドボケイトが施設に訪問したらどう思うか（ニーズ）、どのようなことが心配か（懸念）、どのようなアドボケイトに来てほしいか（資質）を自由に語ってもらった。

また、権利擁護の現状を把握するため、施設職員に相談できるか・誰に相談するか・施設内外の権利擁護（「子どもの権利ノート」、子どもの聴かれる権利（意見表明権）・自治会・意見箱・児童相談所の児童福祉司・苦情解決第三者委員など）について尋ねた。施設内外の権利擁護システムについて、中学生グループは時間の都合上インタビューをすることができなかった。この点は本研究の課題である。

インタビュー時間は、各グループ１時間程度であった。ICレコーダーを用いて、グループインタビューを録音した。　分析方法は、逐語録から意味を見出すことのできる文脈を抽出してサブカテゴリーを作成したうえで、類似するサブカテゴリーを集約してカテゴリーを生成した。次に、探索的研究に適したKJ法を参考にし、カテゴリー間の関係性を検討した。分析結果の妥当性を確保するために、研究者間で検討を重ねた。

（３）倫理的配慮

措置権者である児童相談所には所長会議で口頭説明を行い、承諾を得た。各施設長及び調査協力者に対して調査目的・秘密保持等について口頭と文書で説明し、同意書を交わした。その際、インタビュー結果を録音しデータの保管期間を５年間とすること、研究結果を学術論文および学会発表等のみに

使用することについて承諾を得た。なお、調査協力員からも守秘義務の誓約書を取り付けた。この調査は熊本学園大学研究活動適正化委員会の承認を得ている。
　グループインタビュー直前に、「お願い」として文書を掲示し、「みんなが安心して話すために、ここで友達が話したことはひみつ」にすることなど協力者にルールを守ってもらうよう依頼した。インタビュー時には、子どもの本名が録音されないよう、子どもに「呼ばれたい名前」をつけてもらった。「呼ばれたい名前」については、分析時にはアルファベットに修正している。
　あわせて、語った子どもの特定化を避けながらも、年齢による違いを明確にするために、子どもの語りを論文で引用する際はアルファベットではなく〔小〕〔中〕〔高〕と表記することとした。

2　入所児童へのインタビュー調査から見た権利擁護制度の現状

　子どもから語られた言葉から、44のサブカテゴリーを見いだし、それらを7カテゴリー【職員への肯定的発言】【職員への否定的発言】【子ども同士の関係】【相談行動】【施設内の権利擁護システムとの関係】【施設外の権利擁護システムへの肯定的発言】【施設外の権利擁護システムへの否定的発言】にまとめた。以下にサブカテゴリーを〈　〉、カテゴリーを【　】、発言内容を一字下げにした「　」で示しながら、分析結果を述べる。
　なお、小学生・中学生・高校生の共通点と差異を星取表の**表6-2**で整理した。

表6-2 子どもの権利擁護の現状

サブカテゴリー	小学生	中学生	高校生
a）職員への肯定的発言			
職員からの声かけ	○	○	○
聴いて受け止める職員の存在	○	○	○
遊んでくれる職員の存在	○		
秘密を守る職員の存在		○	
担当が変わらない安心感		○	
b）職員への否定的発言			
職員が居ない時にリラックス	○		
職員多忙で対応不足	○		
担当替わることの不安定さ	○		
小規模化で職員厳しく	○		
小規模化でルールストレス増加で不満	○		
ルール決定に子どもが関われず不満	○		
不公平な対応	○		
秘密保持に不信	○	○	
話せない子に気づかず		○	
丸め込まれてあきらめ			○
職員に遠慮			○
真剣に聴いてもらえず			○
遅い解決			○
c）子ども同士の関係			
仲の良い友だち・上級生に相談	○	○	○
（施設内の子ども間）上下関係の苦痛	○		
d）相談行動			
嫌なことがあったら我慢	○		
嫌なことがあったら行動化	○		
相談しない	○	○	
話せない子に気づく子		○	
言えないと苦労		○	
先生に気軽に相談		○	○
自分で解決		○	○
e）施設内の権利擁護システムとの関係			
自治会の過去経験で評価変化	○		
下級生が話せない自治会	○		
施設の行事中心の自治会	○		
施設で異なる権利ノートの配布	○		
権利の説明なかった子	○		
知らなかった聴いてもらう権利	○		
ないと感じる聴いてもらう権利	○		
意見箱の過去経験で評価変化	○		○
意見箱使用せず	○		○
f）施設外の権利擁護システムへの肯定的発言			
聴いて受け止めるワーカー・児相心理士			○
よく来るボランティアに話せる子			○
g）施設外の権利擁護システムへの否定的発言			
ワーカーに施設の課題は話さず	○		
ワーカーに守秘義務期待できず	○		
何かないと来ないワーカー	○		○
関わりがない第三者委員	○		○
よく替わる担当ワーカーに不満	○		○
ワーカーは真剣に話受け止めず			○

（1）【職員への肯定的発言】
　小中高すべてのグループで、施設職員は子どもを気にかけ、声をかけてくれたこと、そして真剣に聴いてくれたと語る子どもの存在が確認された。

〈職員からの声かけ〉〈聴いて受け止める職員の存在〉
　　「結構、先生の方から言ってくれる。あと、来たばっかりの時はみんな、先生が（中略）気になったことがあったら言いに来てもいいよって」〔小〕
　　「皆と別室に行って話をしてくれました」〔中〕
　　「〈きょうだい〉とのけんかが。先生に相談してた。先生はちゃんと……話を聞いて解決方法をいくつか出してくれた」〔中〕
　　「（年下に）結構馬鹿にされたりする。それを先生に相談して結構話したり、悲しい時先生に言ってやみたいな感じで言ってもらってる」〔中〕
　　「将来のことは（職員は）考えてくれてて、いろいろ話とかも聴いてくれて、相談とかも（のってくれる）」〔高〕

　このように、職員から声をかけてくれること、相談したときには話を真剣に聴いて解決法を考えてくれることは子どもたちから高く評価をされていた。施設職員が個別に、そして親身に対応してくれることは子どもたちの心の支えになっている。

（2）【職員への否定的発言】
　以上のような施設職員への肯定的な意見とともに、施設職員に対して否定的な発言もみられた。

〈守秘保持に不信〉
　小学生・中学生のグループの中では、職員が自分の話したことを他の人に伝えているのではないかという〈秘密保持に不信〉を感じている子どもがいた。

「(心理士) は、こっちが学校行ってる間に職員の先生たちと話してそうで、何かちょっと嫌や」〔小〕
「うん (どの先生も秘密を守ってくれるとは思っていない)」〔中〕

〈小規模化で職員厳しく〉
　小学生の中には、施設の小規模化により職員が忙しくなったり、個々の子どもに目が届くことでルールが厳しくなったと感じる子どもがいた。

「(前の施設形態) では (職員から) たまには無視されたり、どうでも意味ないような、そのまんまスルーされるけど、少人数になったら、(中略) 何か暴言を言ったら (前以上に怒られる)」〔小〕

〈ルール決定に子どもが関われず不満〉
　施設のルールを決める際の問題点について、小学生グループが前のめりになり、一気に話し出した。

「勝手に、子どもに意見を聞かずに、先生たちで勝手に話を進めてんねん」〔小〕
「(おとなが勝手に決めてる。そのことについてどう思う?) ちょっとむかつくな」
「相談しろよみたいな (笑)」〔小〕
「まずおとなで決めて、で、子どもにこんな話し事が出てんけどとか言って、それで子どもに検討をし、その繰り返しで決めてほしい」

　この発言には、この小学生グループ全員が大きくうなずき、子どもたちの声が大きくなった。子どもたちもルールを決める際に、関われるようにする必要がある。

103

〈話せない子に気づかず〉
　中学生では、職員に「話せない」子どもが存在することが語られた。職員がそれに気づいていない場合と、気づいていても忙しくて対応が困難なこともあるようである。

　　「(言いたくても言えずに我慢している子に先生は) 気づいてない」〔中〕
　　「先生は、気づいている時もあるけどたいてい気づいてないと思う。(先生は) 忙しいから。なんか自分のことで精一杯の時もあるから。なんか余裕があったら見てて『やめたりや』みたいなことはたまには言うけど滅多にない」〔中〕

〈丸め込まれてあきらめ〉
　高校生は職員に話せても〈(職員に) 丸め込まれてあきらめ〉たり〈真剣に聴いてもらず〉〈遅い解決〉という不満があげられた。

　　「なんか、親のこととか言っても、全部丸め込まれるから」〔高〕
　　「(あるものがほしくても先生から)『いらんやろ』みたいな。『どこ使うんや』みたいな話をずっとされて。(中略) 全部丸め込まれるから、もうあきらめる。言ってもどうせ言われるんやろな、みたいな」〔高〕
　　「たとえば怒られたときに、自分も、子どもも言い分があるじゃないですか。でも、なかなか聴いてもらえなくて、これを言うと怒られた長引くわって、自分の中にしまい込んで。怒られたら多分言い返せないんで、普通の雑談とか、そういう普通の会話は、仲良くできるんですけど。怒られた時とかに、言い返して、それを聴いてもらいたいなと。それはいまだに言い返せないんで」〔高〕

〈真剣に聴いてもらえず〉
　　「(職員に意見が通らないとき) あるよ、そんなん、いっぱい、あるよ」〔高〕

「(一生懸命に言っているのに)ふざけてと(思われて)、ある。伝わらん」〔高〕
「冗談やと思われるから。服なくなったときに『部屋きたないから』みたいな」〔高〕

〈遅い解決〉
「先生に言いたいことがあっても、解決するのがむっちゃ遅いし。1カ月後とかのこともあるし」〔高〕

　職員に対して話せない子どもたちもいるが職員が気づいていないこともあるという。一方で、職員に伝えられる子どもであっても、子どもが話したことにどう職員が対応するかが課題として出された。特に、子どもから要望が出された場合や子どもに注意をする場面である。子どもに注意した際は一方的に言うのではなく、子どもに弁明の機会を設ける必要があろう。また、要望が子どもたちから出されたときの話し合い・早期の対応の必要性が示唆された。まずは、おとなが一方的に対応していないか自問する必要があろう。

(3)【子ども同士の関係】【相談行動】
〈仲の良い友達・上級生に相談〉〈上下関係の苦痛〉
　仲の良い友達・上級生に相談するという子どもは小中高のどのグループにも存在した。これは施設内だけではなく学校の友達も仲の良い友達として含まれている。
　しかし、施設内の〈上下関係の苦痛〉として、小学生に「(私)は最近、上の人におまえとか、……とか、呼び捨てされます」〔小〕と語る子どもがおり、子ども同士の関係に苦痛を感じている子どももいる。

〈嫌なことがあったら我慢〉〈嫌なことがあったら行動化〉
　職員に相談できるという小学生もいたが、一部の小学生は〈嫌なことがあったら我慢〉したり〈嫌なことがあったら行動化〉している様子がうかがえた。

「(話せなくて我慢していると)だんだんだんだんストレスが増えてくるから、何か口癖で死ねとか言っちゃうねん」〔小〕

　このように暴言が出る前に、我慢せずに相談できる環境をどのようにつくるか、他の子どもたちを守るためにも重要な課題である。

〈話せない子に気づく子〉
　中高生は、施設職員に相談したり、自分で解決したりと相談する手段を比較的持っているようである。しかし、話せない子どもたちは存在し、そのような子どもは「苦労」するという。

　「嫌な顔一つせず合わせているみたいな(中略)その子がいつも話すときには『まあ嫌やねん』とか言っているけど、その人の前では嫌な顔を見せない」〔中〕
　「だから自分で(嫌なことは先生に)言うのが多分一番早いと思う。言われん子はまあそれは苦労するけど」〔中〕

　職員に話せないと感じている子どもたちの要望をどのように職員が感知するのか、話せない子どもが不利な状況になっていることが示唆される。

(4)【施設内の権利擁護システムとの関係】
　次に施設の自治会や意見箱など、いわゆる「権利擁護」のシステムをどのように感じているのか尋ねた。

〈下級生が話せない自治会〉
　子どもたちが話し合う自治会については、「どこどこに行きたいとかそういう意見だけ」〔小〕であり、施設のイベント事への課題を話し合うものが

多く、〈施設の課題話さない自治会〉になっているとのことである。一部の子どもは、「わかってんねん、もうかなわんって。だからあきらめて、悔しくなって、ストレスがたまっていく」〔小〕と、すでにあきらめてしまっている子どもの姿が小学生を中心に見受けられた。

なぜあきらめてしまうのかといえば、「登校班で学校行って班長が、(中略)班長が仕切るから、何かあんまりしゃべれへん。何か仕切るだけで、しゃべったりはせえへん」「(この発言を聴いて)一緒や」〔小〕と他の施設でも同じだと共感する子どもがいた。つまり、〈下級生が話せない自治会〉ということが語られていた。

自治会は上級生がリーダーになるようで、下の年齢の子どもたちの発言が押さえられている可能性がある。下級生も話し合いに対等に参加できる在り方が検討される必要があろう。

〈意見箱の過去経験で評価変化〉

施設内に設置された意見箱対して、「意見箱があって、そこに模様替えしてほしいとか、自分の意見を書いて入れたら、その願いどおりになったりする」〔小〕と過去の経験から肯定的評価がある一方で、「(意見箱に)入れても返事返ってこぉへんし」〔高〕と意見箱に期待していない様子もうかがえた。過去にどのように意見箱の投書を扱われたかによって、評価が分かれた。他にも、「(施設の意見箱に)入れへん。(先生に)言うから」〔高〕と直接言える子どもには意見箱は不要のようであった。

直接職員に要望を言えないと感じている子どもにとって、意見箱という選択肢は必要であろう。意見箱が子どもたちの選択肢となるように、投書への早期の反応が求められる。

〈知らなかった聴いてもらう権利〉

施設で暮らす子どもには「子どもの権利ノート」が配布され、子どもの権利について説明がなされることになっている。しかし、子どもたちからは「(施

設に入るときの権利の説明）ない。そんなんなかった」、「（劇で出てきた聴いてもらう権利を知っていたかというと問いに）ううん、知らんかった」〔小〕、「（聞いてもらう権利は）ない」〔小〕「ない、ほとんどない」〔小〕という声があった。

施設職員アンケート調査（第4章）では、権利の説明は「十分できている」が23.3％、「ある程度できている」が73.3％という高い評価であった。しかし、個々の子どもに届いているか、また施設の風土として、しっかり根付いているかという点について、子どもの声から再考を要する。

（5）【施設外の権利擁護システムとの関係】
　施設外の権利擁護システムについては、訪問回数の多さや、「担当が変わらない」ことが子どもたちに求められていることがわかった。

〈何かないと来ないワーカー〉〈よく替わる担当ワーカーに不満〉
　施設外の権利擁護システムについては、〈聴いて受け止めるワーカー（担当児童福祉司）〉について語る子どももいたが、小学生・高校生で共通したのは〈何かないと来ないワーカー〉〈よく替わる担当ワーカーに不満〉ということであった。
　「1年に1回来るか来ないかぐらい。（私）に何かあったらくるねん」〔高〕という頻度になっていると答える子どもが多かった。一方で、月に1回くるという子どもの話を聴いて、一つの高校生グループメンバーが一斉に「いいな」と言う場面があった。
　しかし、単に訪問があればいいというわけではない。「（私）に得しやん話をしに来るんやったらこんとって。（私）が得する話やったらきていいけど、ちゃうんやったら別にこないでいいよみたいな、そんな感じ」〔高〕という言葉あるように、あまり良い話ではないならこなくてもいいという発言もみられた。
　さらに、担当ケースワーカーとの話は「親」の話が主題であり、「施設」についてはあまり話されていないという発言があった。

また、児相福祉司の担当交替が「3回もあってんから、ムカつくで」〔高〕、「何か今、ワーカーさん変わったらしくてよくわからん。でも会ってない」〔小〕と不満げな口調で語った場面があった。

〈関わりがない第三者委員〉

苦情解決第三者委員については「知らん」〔小〕、関わりも「ない」〔高〕と述べ、関わりがある子どもはいなかった。

施設職員調査では、「第三者委員が苦情を聞き取る機会を設けても、子どもたちから苦情が出ない」という意見があった。子どもたちが第三者委員とは何者なのか理解できなかったか、理解できても身近な存在ではなかったからこそ苦情を出しにくかった可能性がある。

〈よく来るボランティアに話せる子〉

高校生の中には、〈よく来るボランティアに話せる子〉がいた。「よく来るやん、勉強を教えにきてくれたりする人」、その人に話をしているという。

「よく来る」ということが「話せる」ことの重要なポイントである可能性がある。

3　考察

第1に、施設職員に対する子どもたちの評価についてである。

〈職員からの声かけ〉、〈聴いて受け止めてくれる職員の存在〉について、すべての子どもたちのグループから肯定的に語られた。職員が多忙ななかでも、個々に対応してくれたことは子どもたちの心に残っていた。

施設職員調査からは、個別に対応したいが多忙であるということが語られている。職員の方々がさらに個別に対応できるような環境の確保は、子どもたちにとっても望まれていることである。

一方、施設職員に対して、子どもたちは不満がないというわけではなかった。この不満は総じて、職員が子どもに対して一方的になっていないかと自

問すること、そして仲介する他者の必要性を感じさせるものであった。たとえば、小学生では〈ルール決定に子どもが関われず不満〉、高校生では〈丸め込まれてあきらめ〉〈真剣に聴いてもらえず〉〈遅い解決〉といったことが語られている。職員とは雑談など普段の会話では問題ないが、要望を伝えたときや注意されたとき、職員から一方的に言われていると感じることがある。子どもの言い分を聴く機会の創出や、共にルールを決めるなど、プロセスを重視したコミュニケーションが求められている。

このような職員への不満や対応に対して、子どもから要望があれば訪問アドボケイトが仲介に入るといった潜在的ニーズがあるのではないかと考える。

第2に、子どもたちの相談行動についてである。友達同士で相談しているという子どもはすべてのグループにいた。加えて、中高生は比較的、自分から職員に〈気軽に相談〉しているという。

しかし、中高生でも子どもたちの周りには、職員に「話せない子ども」がおり、話せないということを職員が「気づいていない」ケースがあるようである。話せないと要望を伝えられないので、「苦労」するとのことである。

小学生では相談できずに我慢し、ストレスがたまり暴言を吐くなど〈行動化〉することがある。

第3に、施設内外の権利擁護のシステムについてである。権利擁護のシステムである「子どもの権利ノート」や意見箱、第三者委員を知らない子どもがおり、身近な存在とは言えない様子がうかがえた。特に気になるのは、子どもの権利自体を知らない子どもたちの存在である。前述したように、施設職員アンケート（第4章）では子どもの権利を伝えているという高い評価（96.6%〈「十分できている」23.3%、「ある程度できている」73.3%〉）だったが、個々の子どもに届いているか、また施設の風土としてしっかり根付いているかという点について、子どもの声からは再考を要するだろう。

子どもの自治会については実施されているが、施設の課題を改善するような場ではなく「どこに行くか」といった行事を決めることが主とのことである。

また、児童相談所の担当ケースワーカーの訪問は子どもに〈何かないと来

ないワーカー〉〈よく替わる担当ワーカーに不満〉ということが共通して語られた。担当ケースワーカーの訪問が頻回にあるという子どもも1名いたが、他は年に1回訪問があるかどうかであった。担当ケースワーカーとの話は「親」の話題が主であり、「施設」についてはあまり話されていないことも示唆された。

　一方、よく来るボランティアには話せるという声があった。「担当ワーカーがあまりこない」という不満が聞かれたことと対称的であった。子どもたちにとって、訪問回数というのは相談をするうえで影響があると考えられる。

文献

安梅勅江（2011）『ヒューマン・サービスにおけるグループインタビュー法──科学的根拠に基づく質的研究法の展開』医歯薬出版株式会社．

Applebaum,R. Straker, J. and Geron,Scott.(2000) Assessing Satisfaction in Health and Long Term Care: Practical Approaches to Hearing the Voices of Consumers（＝ 2002, 多々良紀夫, 塚田典子『長期ケアの満足度評価法──利用者の声をよく聴くための実用的アプローチ』中央法規出版．

藤村まどか（2012）「貧困状況下における子どもの生活と主体性；子どもへのインタビュー調査の結果から」『教育福祉研究』18,41－52.

伊藤嘉余子（2010）「児童養護施設入所児童が語る施設生活──インタビュー調査からの分析」『社会福祉学』50（4），82-95.

Sharon Vaughn, Jeanne Shay Schumm and Jane M. Sinagub（1996）Focus Group Interviews in Education and Psychology, SAGE Publications（=1999『グループ・インタビューの技法』慶應義塾大学出版会）．

第7章 児童養護施設入所児童にとっての訪問アドボカシー導入のニーズ・懸念・資質

　インタビュー調査では、権利擁護の現状を聴いた後、訪問アドボカシーについても尋ねた。寸劇（添付資料2、132頁）を行った後に、アドボケイトは、施設に来てほしいか、心配なことはあるか、どのような人に来てほしいか子どもたちが語った。本章ではその語りを分析する。

　研究結果では、訪問アドボカシーへのニーズは小学生に顕著にみられ、中高生もおとなと子どものパワーバランス（「子どもだけだったらはねつけられるけど」等の発言）を感じており、子どもの味方になるアドボケイトの必要性を述べていた。

　また懸念については、守秘に対する不安が述べられていたことからも守秘義務の徹底が求められていることが改めて認識された。

　子どもたち自身が自己の権利を行使できる環境が求められる。訪問アドボカシーは、その環境づくりの「触媒」になることが必要だと考える。

1　訪問アドボカシー導入のニーズ

　訪問アドボカシーのニーズについては、表7－1で示したようにサブカテゴリーを19見いだし、それらを4カテゴリーにまとめた。

表7－1　訪問アドボカシー導入のニーズ

カテゴリー	サブカテゴリー	発言内容
必要な時期や人の存在あり	アドボケイト派遣希望	（アドボケイトを）ほんまにやってほしい〔小〕／（アドボケイトが来たら）うれしい驚き〔小〕／毎日来たらとってもうれしい〔小〕
	不満が多い小学生以下に必要	ちっちゃい子たちは、やっぱり自分の思っていることを外に出そうとするんですけど（私）たち やっぱり年齢が上がってくると 自分のことは 自分で済まそうと（中略）ちっちゃい子のほうが必要〔高〕／小さいときは、その 言いづらいこともあると思うし〔高〕／小学生の頃のほうが 不満いっぱいあった〔高〕
	悩みを言えない人には必要	言われへん子とか いっぱいおる。（中略）言われへん子は絶対（アドボケイトが）おったら助かる〔高〕
	悩んでいる人に必要	先輩に結構悩んでいらっしゃる人がいて そういう人らも やっぱり必要なのかも〔高〕／困っているときとかに選択肢としてあったほうがいい〔高〕／やっぱり悩みのある人はってしたほうが 小さい子には必要と思いますが 限定しなくても〔高〕
アドボケイトの「役割」への期待	悩み・楽しかったこと伝達期待	アドボケイトが毎週来るなら、それだけでもいいと〔小〕／（週1回なら）その日にたまったもやもやがたまりっぱなしやから、毎日来て〔小〕／アドボケイトはあることで悩んでいることとか言えないことか言えるのがいい〔中〕／何か嫌やと思ったことで すっきりせえへんとき〔小〕／（私）はほんまに嫌なこと〔小〕／家庭の環境とか、心配なこととか、悩みごと（話したい）〔小〕／これ楽しかってんとか言って、そういうことも話せるからいい〔小〕
	受容的聴取に期待	ワーカーとかやったら あんまりそういうのは興味ないかもしれへんけどアドボケイトだったら ちゃんと話を聴いてくれたらうれしい〔小〕／話を聴いてくれたらそれでいい〔高〕／（アドボケイトが）いると思う 施設の先生でも ぐちとかまぁあるけど そういうことを言ったらしばらくその威圧かけてきたりするから 純粋に話を聴いてくれるだけの人がいたら楽かなと ちょっともめたりして言い返したりしたら お前 何ぐじゅぐじゅ言うてんねんとか で だれーってそんな感じになるから〔高〕
	他職種より秘密保持期待	嫌なことがあったら話せるし ケースワーカーみたいな人は（職員や親に）言うから アドボケイトは言えへんからいてほしい〔小〕／（心理士より）アドボケイトのほうがいい（心理士は）こっちが学校行っている間に職員の先生と話してそう〔小〕
	子どもは弱い立場のため味方期待	（おとなは他に）同僚がおる〔小〕／子どもはまだ（解決）でけへんから〔小〕／いじめられてる人とかからしたら（味方でいい）〔小〕／おとなにおとなの味方がついたら 子どもが何言ってもとおらへん〔小〕／本当に味方でいてほしい（裏切らないで）〔小〕／言ってみたら自分の代理人みたいな 自分の言いたいことを代弁してくれる人？（徹底的に味方になってくれて、意見も言わない）めっちゃ、いいやつやん〔高〕／真ん中の立場に立つのはさ 先生とか誰でもできるやん でも 自分の味方をしてくれるのってあんまりおらんやん だから 自分オンリーがいい〔高〕／（職場の人との間に入る人）必要だと思います 子どもだけだったらはねつけられるけど〔高〕
新たな役割ニーズ	助言希望	間違ってるんやったら間違ってるって言ってほしい〔高〕
	遊びも希望	15分ぐらい話して 後の45分遊び／（話）疲れるから 言いたくないこともある／どっかにつれてってもらって／漫画で話がわかる人／おやつくれる／ゲーム／バスケット／野球／サッカー〔すべて小〕

カテゴリー	サブカテゴリー	発言内容
アドボケイトに希望するコミュニケーション	守秘	子どもが言いたくないことなら言わずに 先生と話したいと子どもが言ったら言う〔小〕／（秘密を守ることは）絶対大事 ちくられたくないもん〔中〕／ペラペラ口の軽い人じゃなかったら話すけど〔中〕／（アドボケイト訪問時）先生１時間くらいちょっとどっか行ってて〔小〕
	真剣さ	ちゃんとまじめに話を聴いてくれない人は嫌〔小〕／調子乗ったりとか にらんだりとか ふざけたりする人は嫌〔小〕／ネタとかにせえへん〔中〕／自分が行ったら、自分が相談して話したいときに聴いてくれたら〔中〕
	十分理解	わかってくれない（人が嫌）〔小〕／IQ160ある人（理由は）絶対完璧に100パーセント話を聴いてくれる〔小〕
	関心を表現	話を流す人（絶対）（中略）しゃべってるときになんか「はいはいはい」って〔中〕／聴いてんのかよくわからん人も嫌〔小〕／適当な人 聴くのは聴くけど 関心をもってくれない人 自分の話に〔高〕／（共感とは）自分もそんな経験したことあんなって ああ それ確かに思うみたいな感じで〔小〕
	話を記憶	確かにいろんな子の話を聴いて 混ざったりとかするかもしれないけれど 忘れられたら もういいわってなる〔高〕
	言行一致	ルールと違うことをやったりとか やるって言ったのにやらんとか それが嫌〔中〕
	話し上手	意見がはっきり言える人〔小〕／何言ってるかよくわからん人（中略）来てほしくない〔小〕／話し上手〔高〕
	公平性	えこひいきとかせえへん人〔小〕
	話しやすい担当制	小学生・中学生・高校生の担当〔小〕／小学生に２人 中学生に２人 高校生に２人 男子と女子で（別々に）〔小〕／（ホームを）回ってたらいい〔小〕

（１）【必要な時期や人の存在あり】

〈アドボケイト派遣希望〉〈不満が多い小学生以下に必要〉

　小学生はアドボケイトの定期訪問を「（アドボケイトを）ほんまにやってほしい」〔小〕と述べた。しかし、高校生は「小学生の頃の方が、不満いっぱいあった」〔高〕から、「ちっちゃい子たちは、やっぱり自分の思っていることを外に出そうとするんですけど、（私）たち、やっぱり年齢が上がってくると、自分のことは、自分で済まそうと。（中略）ちっちゃい子のほうが必要」〔高〕と述べ、不要だと語る子どもが多かった。

〈悩みを言えない人には必要〉〈悩んでいる人に必要〉

　インタビューの最初は高校生には必要ないと言っていた子どもたちも、周

りの子どもたちのことを考えた場合に必要性かもしれないと語った。高校生の中に「言われへん子とか、いっぱいおる（中略）言われへん子は絶対（アドボケイトが）おったら助かる」〔高〕「困っている時とかに選択肢として、あったほうがいい」〔高〕といった〈悩みを言えない人には必要〉〈悩んでいる人には必要〉と【必要な時期や人の存在あり】について言及していた。

（2）【アドボケイトの「役割」への期待】
〈悩み・楽しかったこと伝達期待〉

　子どもたちはどのようなことをアドボケイトに期待するのだろうか。

　「アドボケイトが毎週1週間来るなら、それだけでもいいと」〔小〕という「来る」ことだけでいいというニーズや、「（週1回なら）その日にたまったもやもやがたまりっぱなしやから、毎日来て」〔小〕と気持ちを吐き出したいというニーズがあるようだ。ここでの吐き出したい気持ちは、「嫌なこと」「悩み」だけではなく「楽しかったこと」を言いたいという。

　施設で暮らす子どもだからこその悩みとして、「家庭の環境とか、心配なこととか、悩み事（話したい）」〔小〕「ワーカーとかやったら、あんまりそういう（施設の問題。寸劇でみたこと）のは興味ないかもしれへんけど、アドボケイトだったら、ちゃんと話を聴いてくれたら嬉しい」〔小〕が述べられた。施設で暮らす子どもの悩みに寄り添えるアドボケイトが期待される。

〈受容的聴取に期待〉

　高校生では聴くといっても、「どのように」聴くのかが重要視されている。

　「（アドボケイトが）いると思う。施設の先生でも、ぐちとかまぁあるけど、そういうことを言ったら、しばらくその威圧かけてきたりするから、純粋に話を聴いてくれるだけの人がいたら楽かなと。ちょっともめたりして言い返したりしたら、お前、何ぐじゅぐじゅ言うてんねんとか、で、だれーってそんな感じになるから」〔高〕と述べている。

　つまり、「威圧」ではなく「純粋に」聴いてほしいということがうかがえる。

〈他職種より秘密保持期待〉

　アドボケイトは施設職員と異なる役割として、守秘に期待が寄せられた。「嫌なことがあったら話せるし、ケースワーカーみたいな人は（職員や親に）言うから、アドボケイトが言えへんからいて欲しい」〔小〕。つまり、臨床心理士や担当児童福祉司との比較から子どもの同意なしに職員に伝達しないで欲しいという〈他職種より秘密保持期待〉ということである。

〈子どもは弱い立場のため味方期待〉

　アドボケイトの特徴である「子どもの味方」であるという点について。これについては同意する意見が述べられた。「おとなにおとなの味方がついたら、子どもが何言ってもとおらへん」〔小〕「（職員との間に入る人）必要だと思います。子どもだけだったらはねつけられるけど」〔高〕と子どもたちはおとなと子どものパワーバランスを感じている。だからこそ、子どもの味方になることを希望している。

　そしてこのような子どもの味方は珍しい役割だと受け止められた。

　「真ん中の立場に立つのはさ、先生とか誰でもできるやん。でも、自分の味方をしてくれるのってあんまりおらんやん、だから、自分オンリーがいい」〔高〕「言ってみたら、自分の代理人みたいな。自分の言いたいことを代弁してくれる人？（徹底的に味方になってくれて、意見も言わない）めっちゃ、いいやつやん」〔高〕

　この代理人ということに、高校生は嬉しさを表現した。一人ひとりにアドボケイトがつけられるような体制が本来は求められる。この子どもの味方であるという点は重要な役割として受け止められたようだ。

（3）【新たな役割ニーズ】

〈遊びも希望〉

　アドボケイトの【新たな役割ニーズ】としては、小学生からは「15分ぐ

らい話して、後の45分遊び」「どっかにつれてってもらって」、スポーツなど「話」だけではなく「遊びも希望」という声が次々に出された。「話」をしたくないわけではなく、遊びもしたいというニーズがあった。小学生以下の子どもたちとの関わりは遊びから始めることが求められる。

〈助言希望〉
　一人の高校生ではあるが、アドボケイトが自分の意見を言わないという点について「間違ってるんやったら間違ってるって言ってほしい」〔高〕ということが挙げられた。

（4）【アドボケイトに希望するコミュニケーション】
〈守秘〉
　【アドボケイトに希望するコミュニケーション】として「(秘密を守ることは)絶対大事。絶対ちくられたくないもん」〔中〕と、〈守秘〉が最重要であるという声が多く聞かれた。

〈十分理解〉
　聴く態度として、「調子乗ったりとか、にらんだりとか、ふざけたりとかする人は嫌」〔小〕といった〈真剣さ〉が求められ、「わかってくれない(人が嫌)」〔小〕「IQ160以上ある人(理由は)絶対完璧に100パーセント話を聴いてくれる」〔小〕と語り、話の内容を〈十分理解〉してほしいと願っていた。

〈関心を表現〉
　「話を流す人（絶対いや）（中略）しゃべっているときになんか『はいはいはい』って」〔中〕と、「適当な人。聴くのは聴くけど、関心をもってくれない人、自分の話に」〔高〕は嫌だとのことである。ここでも前述した職員への不満と同様に、〈関心を表現〉することが重要であると述べられている。

〈話を記憶〉

「確かにいろんな子の話を聴いて、混ざったりとかするかもしれないけれど、忘れられたら、もういいわってなる」〔高〕と個々の子どもの〈話を記憶〉することが求められる。

〈言行一致〉〈公平性〉

そして、「ルールと違うことをやったりとか、やるって言ったのにやらんとか。それが嫌」〔中〕という〈言行一致〉、「意見がはっきり言える人」〔小〕という〈話し上手〉であり、「えこひいきとかせえへん人」〔小〕〈公平性〉が求められた。

このように、子どもたちの要望は多岐にわたる。しかし、語られた内容を見てみると、前述した職員に対する肯定的意見及び否定的意見から見出されたように、いかに個別の子どもに関心を示し真剣に聴くかが重要であることがわかる。加えて、守秘義務や子どもの味方であるというアドボケイト特有の役割は肯定的に受け止められ、その重要性が改めて示された。

2　訪問アドボカシー導入への懸念

訪問アドボカシーへの懸念については、12サブカテゴリーを見いだし、3つのカテゴリー【アドボケイトとの関係構築の懸念】【「守秘」に対する不安・疑い】【職員との関係悪化不安】にまとめ、表7－2に示した。

第7章 児童養護施設入所児童にとっての訪問アドボカシー導入のニーズ・懸念・資質

表7－2 訪問アドボカシー導入への懸念

カテゴリー	サブカテゴリー	発言内容
アドボケイトとの関係構築の懸念	身近にいないことへの懸念	毎週一回（訪問）やったら 別に嫌なことでもすぐ忘れる 月曜日に嫌なことがあってもすぐ忘れちゃうかな もうしょうがない 嫌な気持ちのままです〔小〕／それだったらまだ身近にいる人のほうがしゃべれる〔中〕
	時間をかける必要性	多分最初は不安かもしれへんけど 話していくうちに結構この人 いい人なんやっていうふうに思えてくるから〔小〕／うん（この人を信用できると思うのに必要なのは）時間〔中〕
	信頼関係の必要性	（アドボケイトが来て大人の数が増えても）全員話されへんかったら一緒〔中〕／先輩とかは（中略）先生に話したらとか言うんですけど信頼できる人でないと話せないと〔中〕
	初期の関係構築に対する不安	急には話さないと思う〔中〕／（アドボケイトは）他人やから しかも初めて会ったから余計に〔中〕／ちょっと警戒心持つかもしれん〔中〕〔高〕／慣れないうちは警戒〔高〕
	男（異）性や年上の人への苦手感	（アドボケイトが）男の人やったらちょっと心配〔小〕／（男性には）共感してもらえんと思う〔小〕／男の人 苦手やから怖い〔小〕／同い年やったら結構友だち感覚でいけるけど 年上の人やったら 結構堅苦しくなる〔小〕
	高校生には必要性が薄いアドボケイト	年齢が上がってくると 自分のことは 自分で済そうと〔高〕／何か変に同情されてるなって 何かそういうのをもっていると 話しづらい〔高〕／将来のこととかは だいたい自分で考えているというか いけそうな感じなので 話さないし 言われたら 自分の思っていることを答えるだけ〔高〕
	思いの表現の困難	（アドボケイトにも）あまり話せないと思う〔中〕／今までだって話されへんかったのにどうやって話せばよいかわからないと思う〔中〕
「守秘」に対する不安・疑い	職員への守秘	絶対言わんとくなって言われるけど 絶対っていう言葉がほんまに絶対なのかが気になる〔小〕／アドボケイトっていう人で 先生にも気まずいときがあるから 先生に直接言うのは嫌やからな〔小〕／（アドボケイトと先生が）ぐるとかなってたら怖いですよね〔高〕
	他の子どもへの守秘	先生に言うのは別にいいかもしれへんのやけど 本人に言ったらまたいらんこと言われたりとか 仲間はずれにされたりするから（中略）本人には言ってほしくありません〔小〕
	本人の同意	勝手に漏らされることは絶対にないんですね〔高〕／その子が信用して腹を割って話しているのに 言うよとなるとショックというか あなたは信じていたのにとなるかも（中略）納得した上でならいいけど〔高〕
	アドボケイトが守秘保持に葛藤	友だちにも言ってないことだから言わんといてと 子どもに言われると悩むだろうと思う〔高〕
職員との関係不安	職員との関係悪化不安	何か嫌なことを先生に押しつけているみたいやから 後がちょっと気まずい〔小〕／職員の知らないところでそういう（施設内の虐待）会話していて 帰った後に「お前 何話してん」みたいな感じて問い詰められたりしたときにどうなるのかなって〔高〕

（1）【アドボケイトとの関係構築の不安】
〈身近にいないことへの懸念〉
　「（アドボケイトが）毎週一回（訪問）やったら、別に嫌なことでもすぐ忘れる、月曜日に嫌なことがあってもすぐ忘れちゃうかな。もうしょうがない。嫌な気持ちのままです」〔小〕、「それだったらまだ身近にいる人のほうがしゃべられる」〔中〕と、アドボケイトが〈身近にいないことへの懸念〉が述べられた。

〈初期の関係構築に対する不安〉
　特に、〈初期の関係構築に対する不安〉は強く、「慣れないうちは、警戒」〔高〕するようである。小学生は「（アドボケイトが）男の人やったらちょっと心配」〔小〕「年上の人やったら、結構堅苦しくなる」〔小〕と〈男（異）性や年上の人への苦手感〉があるという。「年齢が上がってくると、自分のことは、自分で済まそうと」すると語る高校生の発言から〈高校生には必要性が薄いアドボケイト〉が示された。

〈時間をかける必要性〉
　では、どのようにアドボケイトは子どもと関係を構築すればよいのだろうか。
　「多分最初は不安かもしれへんけど、話していくうちに結構この人、いい人なんやなっていうふうに思えてくるから」〔小〕「うん。（この人を信用できると思うのに必要なのは）時間」〔中〕と、〈時間をかける必要性〉が述べられた。訪問回数や訪問した際に、どれだけの子どもと関わるかなどが関係していくのだろう。

〈信頼関係の必要性〉
　そして、「（アドボケイトが来ておとなの数が増えても）全員話されへんかったら一緒」〔中〕「先輩とかは、（中略）先生に話したらとか言うんですけど、信

頼できない人でないと話せないと」〔高〕と〈信頼関係の必要性〉が挙げられた。

（2）【「守秘」に対する不安・疑い】
〈職員への守秘〉〈他の子どもへの守秘〉

　前述した「信頼」を得るために、子どもたちから強く求められたのは「守秘」である。しかし、「絶対言わんとくなって言われるけど、絶対っていう言葉がほんまに絶対なのかが気になる」〔小〕「（アドボケイトと先生が）ぐるとかなってたら怖いですよね」〔高〕と、〈職員への守秘〉〈他の子どもへの守秘〉をアドボケイトはするというが本当なのかという不安が述べられた。

〈本人の同意〉

　どのように対応することが守秘に対する不安を払拭できるだろうか。少なくとも、守秘を守り続け、あの人に話しても大丈夫と思えるようになるまで時間がかかるだろう。

　「その子が信用して腹を割って話しているのに、言うよとなるとショックというか。あなた信じていたのにとなるかも。（中略）納得した上ならいいけど」〔高〕という語りがあり、他者に伝えるときは本人が「納得した上で」伝える〈本人の同意〉が大前提である。

　ただ、生命にかかわることなど、守秘はできないことも出てくるだろう。やはり、子どもたちには場合によっては守秘できないと明示する必要がある。しかし、その明示内容によっては、この人は秘密を守ってくれない人という印象をもたれる懸念がある。

（3）【職員との関係悪化不安】

　アドボケイトが職員に対し子どもの代弁をし、アドボケイトが施設から帰った後の懸念である。「何か嫌なことを先生に押しつけてるみたいやから、後がちょっと気まずい」〔小〕「職員の知らないところで、そういう（施設内の虐待）会話していて、帰った後に『お前、何話してん』みたいな感じで問

い詰められたりした時に、どうなるのかなって」〔高〕と不安が語られた。

　事前に、職員に本事業が「支援の質の向上」につながるとして理解してもらう、子どもが不安にならないような代弁方法を子どもと打ち合わせておく、代弁後には定期訪問以上に頻回に訪問するなどが考えられよう。

3　アドボケイトに求められる資質

　資質に関する語りについては、18サブカテゴリーを見いだし、2つのカテゴリーにまとめ、表7－3に示した。

表7－3　アドボケイトに求められる資質

カテゴリー	サブカテゴリー	発言内容
アドボケイトの属性は話しやすさに影響	年若い人希望	話を聴いてもらうだけやったら〔中〕／共感できるから〔高〕なんか若い人だったら 大丈夫かなって（中略）35歳くらいが若い〔高〕
	年近いは嫌	（年が近いのは）逆に嫌やけどな〔高〕
	同性のほうが話しやすい	（異性は）恥ずかしい〔小〕／（担当ワーカーが男性で）ちょっと話づらい〔小〕／男と女で考え方が違う〔中〕／男性のほうがいい〔高〕／男の人 何か怖い〔小〕／男は駄目 ネタ？（男の先生は）すぐ嘘つくし〔中〕／女の人は なんでもすぐに話しそう〔高〕
	異性の視点も有益	（恋愛とか）男ってこんなことを考えてんねんやってなるかも〔高〕／女子こうしたらうれしいかも（情報提供ほしい）〔高〕
	施設経験者がアドボケイトなら訪問希望（うれしい）	（施設経験者がアドボケイトなら）うれしい〔小〕／信頼できる〔小〕／（施設の経験は）あってほしい〔中〕そんな人が来てくれたら話したい〔中〕／住んでました という方がいい 施設の先生よりも〔高〕／小学校の時だけ施設におったり 中学生のときだけ施設におったり 高校生のときだけ施設におったりした人やったらいいと思う〔高〕
	施設経験者がアドボケイトなら共感期待	（非施設経験者は）何かむかつく〔小〕／（非施設経験者は）施設におること 子とかの気持ち あんまわかってくれへんと思う 親に会われへん気持ちが そんなわからんと思う〔小〕／（施設経験があると）共有できる〔中〕／理解が早い〔中〕／体験したことを聞ける〔中〕
	施設経験者がアドボケイトなら否定的発言懸念	（話すときはいいが）私ばっかり怒るとかそういうマイナスなことしか多分言わないと思う〔中〕
	元職員がアドボケイトなら助言期待	なんで（先生が）怒っているかというのがだいたいわかる〔中〕／自分に合ったこととか言ってくれそう〔中〕
	元職員がアドボケイトなら過去の態度次第	えこひいきしてた人嫌〔小〕／あんまり気づけてない人やったら気づけない〔中〕／自分中心の人だったら嫌〔中〕／元職員がアドボケイトなら嫌だが 他の施設職員ならいい〔小〕
	元職員がアドボケイトなら子どもと意見異なるから嫌	施設にいた先生と話すのは嫌（中略）子どもとして施設に預けられてるから なんか先生の意見と子どもの意見ってあまり合わない〔中〕／立場が違うもんな 先生と 住んでるってなると〔高〕
	非経験者など多様な人がいたほうが共感	家で育った人は施設のやり方がちゃうから そっちでも共感してもらえる〔小〕／1人は施設にずっとおった人と 家からおった人と 途中で施設でとか 何人もおったほうが〔小〕／本物のアドボケイトをわかってる（人）〔小〕

第7章 児童養護施設入所児童にとっての訪問アドボカシー導入のニーズ・懸念・資質

カテゴリー	サブカテゴリー	発言内容
アドボケイトに希望する雰囲気・人柄	見た目怖さなし	雰囲気とか しゃべりやすそうな〔高〕／見た目とか 話しづらそうな人 怖そうな人は駄目〔高〕／顔がちょっとイケメンやったらいいな〔小〕／いつも笑顔の人〔中〕／見た目とかも結構 大事かなって よく小さい頃の人とか がたいがでかすぎたり 目つきが怖いとか 多分本心は優しいんだろうけど 見た目が怖い人 身だしなみとか 幼稚園においても別にいいくらいの人だったらしゃべれるかなと〔高〕
	属性より人柄	年齢は全然気にしやん〔高〕／（性別ではなく）その人による 普段からよくしゃべったりする人やったら なんか この人は大丈夫やなって〔中〕／アドボケイトの人柄が大事〔中〕／（アドボケイトの施設経験）関係ない〔高〕
	優しさ	優しい人〔小〕／優しくて力が強い人〔小〕／女の人でも怖い人は嫌や〔小〕／もし話しやすかったら行くし 何か怖いなとか 嫌やなとか思ったらあんまり話さん〔小〕
	しっかり	しっかりしてる人〔小〕／ちゃんと計画的な人 ものごとをよく考えて〔小〕／世間をよく知ってる人〔小〕
	落ち着き・距離感	はじめから 一方的に馴れ馴れしくしてくる人は苦手かな 何か考えてんのと違うかなこいつとか思ってしまう〔高〕／冷静で落ち着いてる人〔小〕／落ち着く人 一緒におって〔高〕
	楽しさ	周りを楽しませれる〔小〕／明るい感じがいい フレンドリー〔中〕／しんとしたのは嫌〔高〕
	自分勝手嫌	自分勝手な人も嫌〔小〕／例えば 自分の都合の悪いときにだけ謝ってきたり〔中〕

（1）【アドボケイトの属性は話しやすさに影響】

　アドボケイトの年齢が「若い」「同性」「施設経験者」のほうが話しやすいという声が各グループ共通で語られた。アドボケイトの年齢が若いほうがいいと思われたのは、「話を聴いてもらうだけやったら」〔中〕「共感できるから」〔高〕とのことである。女子からは、男性のアドボケイトについて、「男の人、何か怖い」〔小〕とか「男は駄目。ネタ？（男の先生は）すぐ、嘘つくし」〔中〕と苦手感を示す言葉も聞かれた。

　入所児童の心理として、「（非施設生活経験者は）施設におる子とかの気持ち、あんまわかってくれへんと思うし、親に会われへん気持ちが、そんなわからんと思う」〔小〕ということから、施設生活経験者は共感してもらえそうと賛同する声が語られた。

　元施設職員だった人がアドボケイトになることについては、「施設にいた先生と話すのは嫌（中略）子どもとして施設に預けられてるから、なんか先生の意見と子どもの意見ってあまり合わない」〔中〕と、子ども側に立つアドボケイトには適切ではないのではないかという意見があった。

　子どもたちは、アドボケイトの属性について語ったが、その属性の背景には話したことに「共感」してほしいという共通点があるようにうかがえる。

（2）【アドボケイトに希望する雰囲気・人柄】

　一方で、このような属性に関係がないという子どもは、【アドボケイトに希望する雰囲気・人柄】を重視していた。「見た目とかも結構、大事かなって。よく小さい頃の人とか、がたいがでかすぎたり、眼つきが怖いとか。たぶん本心は優しいんだろうけど、見た目が怖い人。身だしなみとか、幼稚園におっても別にいいくらいの人だったらしゃべれるかなと」〔高〕と述べるなど、見た目が「怖く」なく「笑顔」な人といった〈見た目怖さなし〉については特に強調された。

　人柄としては、〈優しさ〉〈楽しさ〉に加えて、冷静さが求められていた。例えば、はじめから一方的に馴れ馴れしくしてくる人は苦手」ということが

語られ、〈落ち着き・距離感〉があること、〈自分勝手〉ではなく「ちゃんと計画的な人。ちゃんとものごとをよく考えて」〔小〕〈しっかり〉しているという冷静な対応も必要であることが示された。

4　考察

　以上の結果に基づき、サービス導入に対する語りについて、各カテゴリー、サブカテゴリー間の関係性について次頁の図7－1のようにまとめた。

（1）年齢によるニーズの違い・共通点に応じる必要性

　本研究では、矢印①のように、小学生は訪問アドボカシーができて、「毎日来たらとっても嬉しい」〔小〕と嬉しさを表現した。小学生は、悩みに加えて、楽しかったことも伝えたいというニーズがあった。一方、高校生は「自分で済まそうと」し、他者に悩みを伝えることへの抵抗感があるようであった。

　しかし、中学生・高校生は施設にいる子どもたちのことをよく見ており、施設には悩んでいる子どもや施設職員に言えない子どもがいるのでニーズがあるのではないかと述べた。

　このことから、アドボケイトは小学生や小学生以下の子どもたちと遊び等を通して、関係構築を図り、中高生に対しては思春期の心情に配慮し、心理的距離を置きながらも訪問時の挨拶や声かけ等、アドボケイトの存在を伝えていく必要はあると考えられる。導入初期では、小学生との遊びを通じた関係構築を主として行っていくことで、小学生が中学校・高校生になった時に悩みを伝える手段になるのではないかと考えられる。

　アドボケイトの「役割」の中で、〈受容的聴取に期待〉〈子どもは弱い立場のため味方期待〉は、小学生・高校生両方が求めていることである。小学生は日常的な事柄も聴いてほしいというニーズがあるが、高校生は「子どもだけだったらはねつけられるけど」と述べており、代弁へのニーズが強いのではないかと考えられる。

　今回の調査では英国方式をモデルとし、施設に2名程度のアドボケイトの

図７－１　全体分析結果

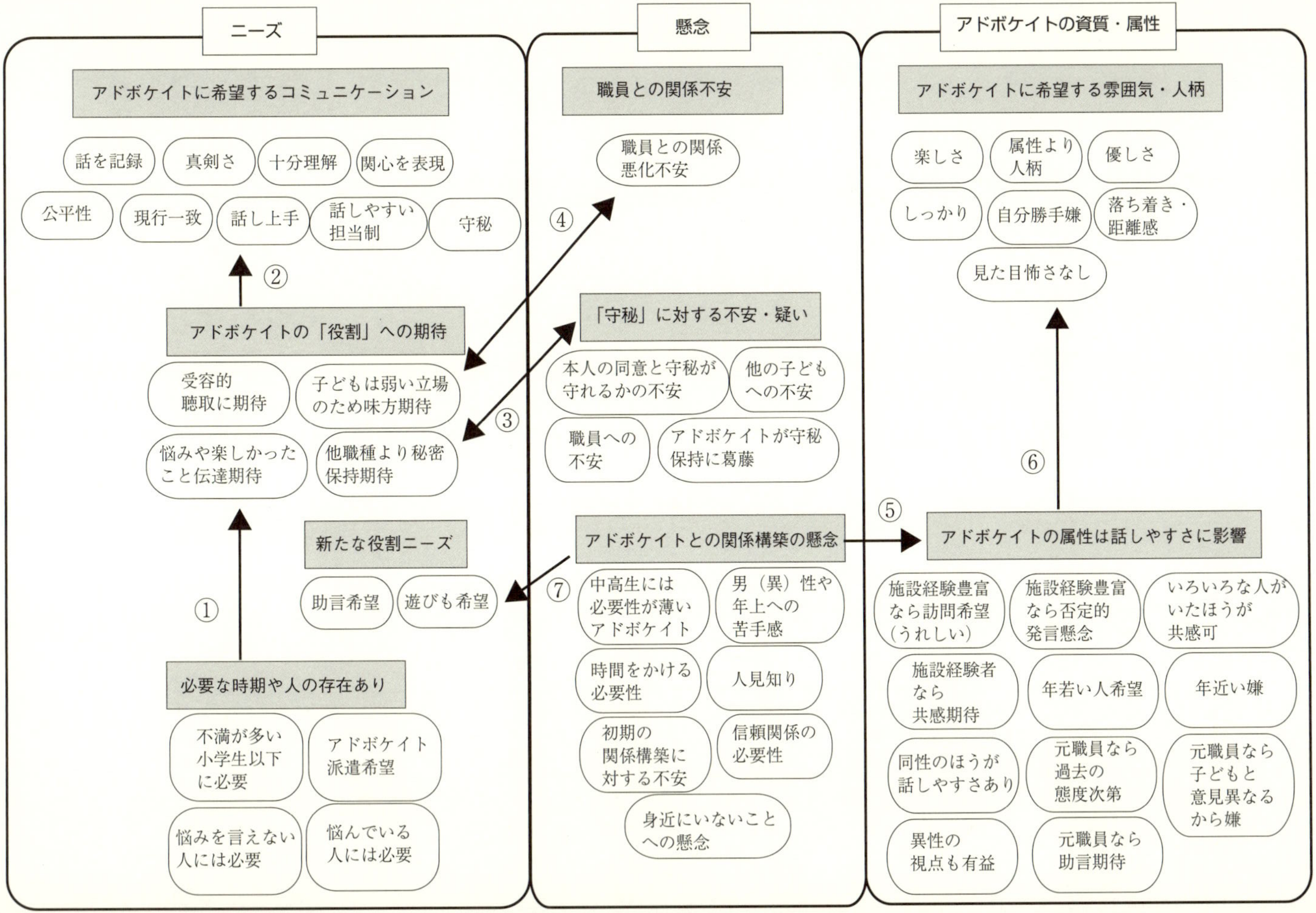
ニーズ
アドボケイトに希望するコミュニケーション
話を記録
真剣さ
十分理解
関心を表現
公平性
現行一致
話し上手
話しやすい担当制
守秘
②
アドボケイトの「役割」への期待
受容的聴取に期待
子どもは弱い立場のため味方期待
悩みや楽しかったこと伝達期待
他職種より秘密保持期待
新たな役割ニーズ
助言希望
遊びも希望
①
必要な時期や人の存在あり
不満が多い小学生以下に必要
アドボケイト派遣希望
悩みを言えない人には必要
悩んでいる人には必要
懸念
職員との関係不安
職員との関係悪化不安
④
「守秘」に対する不安・疑い
本人の同意と守秘が守れるかの不安
他の子どもへの不安
職員への不安
アドボケイトが守秘保持に葛藤
③
アドボケイトとの関係構築の懸念
⑦
中高生には必要性が薄いアドボケイト
男（異）性や年上への苦手感
時間をかける必要性
人見知り
初期の関係構築に対する不安
信頼関係の必要性
身近にいないことへの懸念
アドボケイトの資質・属性
アドボケイトに希望する雰囲気・人柄
楽しさ
属性より人柄
優しさ
しっかり
自分勝手嫌
落ち着き・距離感
見た目怖さなし
⑥
⑤
アドボケイトの属性は話しやすさに影響
施設経験豊富なら訪問希望（うれしい）
施設経験豊富なら否定的発言懸念
いろいろな人がいたほうが共感可
施設経験者なら共感期待
年若い人希望
年近い嫌
同性のほうが話しやすさあり
元職員なら過去の態度次第
元職員なら子どもと意見異なるから嫌
異性の視点も有益
元職員なら助言期待

定期的訪問を想定していたが、高校生から「自分の代理人」「自分オンリー」のアドボケイトを求める声があった。社会的養護下の子ども一人ひとりにアドボケイトをつけることを今後検討していく必要がある。

(2) 守秘義務の重要性

　守秘については、すべての年代グループで重要視されていた。そのため、本当に秘密を守ってもらえるのかという疑問が挙げられた。例えば、訪問アドボカシー導入の懸念では、矢印③のように、〈他職種よりも秘密保持〉が期待される一方で、〈本人の同意と守秘が守れるかの不安〉が語られている。

　訪問アドボカシー導入当初は、子ども向けの説明パンフレット等を説明し、子どもが話したことは秘密にすること、子ども本人の同意を得てから施設職員や関係機関に伝達すること、秘密を守れない場合があるとすればどのような場合か具体的に例示をすることが必要である。英国のアドボカシーサービスでもサービス利用前に、子ども対して初期契約（INITIAL AGREEMENT）を説明しサインをもらう仕組みになっている（Voice 2010；栄留 2012：173）。このような説明を、日本でも子どもにわかる言葉と絵等で伝えていく必要がある。

　あわせて、アドボケイトの実際の言動が信頼に値するか子どもたちは見ている。英国においても、アドボケイトを利用した子どもたちからはアドボカシーサービスを肯定的に評価する語りが見受けられる（栄留 2015：140）。この懸念は実績を積むことでのみ払拭されるものと考える。

(3) 子どもとの関係構築とアドボケイトの属性との関係性

　秘密を保持するには、施設や関係機関と情報を共有しない「独立」した存在であることが重要である。しかし、その独立した存在であり、週1回の訪問という設定は、一部の子どもとっては【アドボケイトの関係構築の懸念】として多く語られた。ただ、今回の調査では、第三者委員とはまったく関与がないというのが子どもたちの語りからわかったため、アドボケイトは第三

者委員よりは多く関わりはあるだろう。しかし、子どもたちにとって週1回でも関係構築に懸念があるとのことである。矢印⑦のように、関係構築のために初期段階で〈遊び〉が必要であることが小学生の語りから示された。

あわせて、子どもとの関係構築には、アドボケイトがどのような人物かという資質が重要であることが示唆された。矢印⑤⑥のように【アドボケイトの属性は話しやすさに影響】し、また【アドボケイトに希望する雰囲気・人柄】も重要であるため、どのような人物をアドボケイトとして任命するかが鍵となる。伊藤（2010）の子どもへの調査と同様に、最初の出会いの場面が重要であることも分かった。伊藤の論文では職員を想定し、「笑顔」「見た目」「異性の職員への苦手意識」が述べられている。これらは本研究でも同様に重要であることがわかった。

さらに、施設生活経験者は共感してもらえると考え、アドボケイトになってほしいというニーズが全グループから挙がった。施設生活経験者の貴重な経験を活かしたピアアドボカシーが子どもたちに求められている。施設退所者の新たな活動／職業の可能性として検討していく必要があるように考える。

これらのアドボケイトの「属性」は、自分の話を「共感」してほしいという強いニーズの現れであるようにも感じた。

すなわち、どのような属性であり、共感を表出できる人物を配置するかを熟慮すること、「遊び」を取り入れた関係構築など初期の対応に十分な配慮が必要であることがわかった。

（4）職員との関係悪化を予防する必要性

矢印⑤のように、アドボケイトには〈子どもは弱い立場のため味方期待〉し、子どもの側に立った代弁等の対応を期待しているが、その代弁の後に〈職員との関係悪化不安〉という懸念があがっている。子どもの側に立ちながらも、職員との関係が悪くならないような行動をとる必要がある。アドボケイトが独断で行動するのではなく、子どもとどのように職員に伝えるか十分に話し合うこと、職員の話も十分聞くこと等、「代弁」と共に「調整」を行ってい

く必要性が示唆された。

　また、「代弁」した後のフォローとして、定期的に訪問した際に、子ども及び職員に話を聞き、改善したかどうかや心情の変化を確認する必要がある。「訪問型」のアドボカシーであるからこそ、定期的なフォローアップは行いやすい。そのメリットを生かした方法を模索する必要がある。

文献

・栄留里美（2011）「子どもアドボケイトの養成と提供」, 堀正嗣編（2011）『イギリスの子どもアドボカシー――その政策と実践』明石書店, 163-81.
・伊藤嘉余子（2010）「児童養護施設入所児童が語る施設生活――インタビュー調査からの分析」,『社会福祉学』50（4）、82-95.
・Voice（2010）「INITIAL AGREEMENT」

添付資料1

小中高生のみなさまへ
～インタビューのお願い～

私たちは、施設でくらすみなさんの気持ちや意見がもっと大切にされる方法を考えています。今回のインタビューは、その方法を考えるためにとても大切なものです。ぜひ、あなたが思っていることを教えてください！

★プログラム★

日にち：6月14日（日曜日）11時～16時
場所　あべのハルカス 23階 大阪大谷大学キャンパス

・11:00 ～ 12:00	・小（5・6年生）・中・高の3つのグループに6人ずつ、3つの施設から集合。まずは、みんなでゲームをして仲良くなろう。
・12:00 ～ 13:00	・好きなものを買って食べよう（ひとり1000円まで）
・13:00 ～ 15:00	・グループ・インタビュー（日頃思っていることを話そう）
・15:00 ～ 16:00	・今日の感想などを話そう

みなさんと会えるのを楽しみにしています！！

裏もあります（＾◇＾）

★インタビューに参加すると決める前に、知っておいてほしいこと★

[1] みなさんの意見を伝えます。
このインタビューでわかったみなさんの意見を報告書や本にまとめます。
この報告書や本は、子どもたちにとってよりよいくらしには何が必要か考えるために重要なものになります。
そして、この報告書や本を多くのおとなに見てもらいます。

[2] だれが何を言ったかはわからないようにします。
あなたの名前・施設の名前・学校の名前はその報告書には書きません。
誰が言ったことなのか施設の職員にも分かりません。

[3] あなたの思いをそのまま教えて下さい。
インタビューは、テストではないので、あなたの話したことは○（正解）とか×（不正解）ということはありません。あなたが日頃思っていることを教えてください。

[4] あなたにインタビューの結果をお知らせします。
インタビューの内容をまとめて、協力してくれたあなたに後日お送りします。

★インタビューする人たち★
・小学5・6年生グループ担当　栄留里美（えいどめ さとみ）（えいちゃん）鹿児島国際大学
　好きな食べ物：チョコ　　好きなスポーツ：バドミントン
・中学生グループ担当　久佐賀眞理（くさが まり）（まりさん）長崎県立大学
　好きな食べ物：おすし　　好きなスポーツ：ダンス
・高校生グループ担当　農野寛治（のうの ひろはる）（にんざぶろう）大阪大谷大学
　　　　　　　　好きな食べ物：ピザ　　好きなスポーツ：テニス

★インタビューを手伝う人たち★
・施設でくらしたことがある人たち
・子どもたちの相談などをしている人たち
・大学生たち
・鳥海直美（とりうみ なおみ）（四天王寺大学）・堀正嗣（ほり まさつぐ）（熊本学園大学）

★質問・連絡先★
わからないことがあったらどんどん連絡してください。
栄留里美　電話番号　○○○○○○　メール　○○○○○○○

添付資料2

寸劇「アドボケイトってどんな人？」(15分)

配役
児童養護施設に入所している小学5年生　あいちゃん（大学生）
小学6年生　みかちゃん（大学生）
小学5年生　さきちゃん（大学生）
施設の職員　田中先生
鈴木さん（アドボケイト）

ナレーター（大学生）

1 ナレーター：「今から劇を始めます。ここは、ある児童養護施設です。ここには小学生から高校生までの人たちが一緒に暮らしています。女の子も男の子もいます。
最初に登場人物を紹介します。（みんな並んで、それぞれにお辞儀をする）
まずは主役のあいちゃん、小学5年生です。あいちゃんと同室の一つ年上のみかちゃん、小学6年生です。もう一人、あいちゃんと同室のさきちゃん小学校5年生です。そして施設の職員の田中先生、そして後でみんなに質問するアドボケイト役の鈴木さんです。アドボケイトというのは、施設の職員とは違って、みんなの話を聞いて、一緒に考えるためだけに施設を訪問する人です。施設の職員さんも、園長先生も話を聴いてくれると思いますが、アドボケイトはその人たちとはちょっと違います。劇の中で良く見ていてください。

さて、あいちゃんはみかちゃんが苦手で、普段から同じ部屋で暮らすのは「嫌だなー」と思っていました。ある時、あいちゃんが親友から誕生日にもらった大切なシャーペンを、みかちゃんが勝手に使っていました」

2 あい：（扉を開けて部屋に入る）「ただいま！　あれ、みかちゃんもう帰ってたの？」
3 みか：（机に向かってあいのシャーペンで宿題をしている。後ろを向いたまま……）「お帰り」
4 あい：「みかちゃん、何やってんの？」（みかの背中から覗き込む）
5 みか：（宿題しながら）「……このシャーペン、使いやすいわ……」
6 あい：「あれ……？それ、私のシャーペンだよ。返して……」
7 みか：（あいのほうを向いて）「ほんまにあいの？……これ、そこらへんにあったやつだよ……」
8 あい：「私の筆箱にあったでしょ。なんで勝手にとってるの。返してよ」
9 みか：「なんだ……、おもしろないな……」（シャーペンを投げて返す）
10 あい：（投げられたシャーペンを拾って、急いで自分の筆箱に入れる）

11 ナレーター：「あいちゃんはショックでした。そこで、急いで職員の田中先生の所に行きました」

12 あい：「田中先生、いますか？」
13 田中：「オー、あいちゃん。帰ってたのか」
14 あい：「先生、ちょっと話がある」
15 田中：「どうしたん？」
16 あい：「あのね、みかちゃんがあいのシャーペン使うの。あいが学校から帰ったら、あいのシャーペン使って宿題してるの。前にも何度もこんなことあったよ」
17 田中：「そうか、でもまた、あいちゃんがいつものようにほったらかしにしてたんとちがう？」
18 あい：「ちがう、ちゃんと私の筆箱に入れておいたのに、みかちゃんが勝手にとって……。
……もう、いい」（背中を向けて部屋をでる）

19 ナレーター：「あいちゃんは泣きたい気持ちでした」（しばらく間をおく）

20 ナレータ：「数日後のことです。同室のさきちゃんがあいちゃんに話しかけてきました」

21 さき：「あいちゃん、鈴木さんのこと知ってる？私さ、この前、食堂で鈴木さんって人に挨拶されたんだ。で、私が『おばちゃんだれ？』って聞いたんだ。そしたら『4月から来るようになったアドボ……なんとかっていう、話を聞いてくれる人』だって。……あの人、ちゃんと話を聴いてくれたよ。毎週日曜日に来るって言っとったわ。今度あいちゃんも鈴木さん来たら一緒に話そう」
22 あい：「ふーん……」

23 ナレーター：「次の日曜日が来ました」

24 さき：「あいちゃん、鈴木さん来てるよ。話しに行かない？」
25 あい：「ふーん……」

26 ナレーター：「あいちゃんはあまり乗り気ではなかったのですがさきちゃんと一緒に鈴木さんの所に行ってみました」

27 あい：「あのさ、鈴木さんってアドボ……なんとかって言うやつ？」
28 鈴木さん：「はい、そうですよ。アドボケイト（……）。あいちゃんとは、これまで話したことがなかったね。アドボケイトって何か知ってる？」
29 あい：「あんまりわからへん。でもさきちゃんが、よう話聴いてくれるって言っとった」
30 鈴木さん：「そうやで。あいちゃんが、話したいこと、施設の先生に伝え

たいことがあったら、話してみて。もし、施設の先生に伝えたいけど、自分ひとりだと無理やなと思った時に、思いを伝えるお手伝いをすることができるよ」

31 あい：「ふ〜ん」

35 あい：「そうなんや。私……最近嫌なことがあってん」

36 鈴木さん：「どんなこと？」

37 あい：「……あのね。おんなじ部屋のみかちゃんがよくあいの物、勝手に使うんねん。この前はシャーペンを勝手に使って宿題してたの。それを田中先生に言うたら、『あいがほったらかしてにしてるから悪い』って言うねん。ほったらかしてなくて、筆箱にちゃんと入れてたのに。私、みかちゃんも田中先生も大嫌い！」

38 アド：「そんなことがあったんだ……。そりゃ、嫌やったね……」

39 あい：（下を向いてこっくりうなずく）

40 さき：「私もそんなことあった。みかちゃんは私らより年が一つ上だし、私らより前から居るから強いんねん」

41 アド：「そうか……。同じ部屋のみかちゃんのことであいちゃんは嫌な思いをしてて、それを田中先生に伝えたらあいちゃんが悪いように言われて、あいちゃんは二重に嫌な思いをしたんだね」

42 あい：（こっくりうなずく）

43 アド：「あいちゃんは、どうしたいと思ってる？」

44 あい：（しばらく考えて……）「……田中先生にはわかってほしい……。あいが悪いんじゃないってことわかってほしい……」

45 アド：「そうか。あいちゃんは自分が悪いんじゃないってことを田中先生にわかってほしいんだね」

46 あい：「（うなずく）ほんとは……田中先生ともう一回話をしたいねんけど、忙しいからかあんまり聴いてくれへんねん。しかも、あいが一方的に悪いって言われたから、もう話したくないって気持ちもあるしな。
……うん、もうええねん。あいは子どもやし、なに言っても無駄やねん」

47 鈴木さん:「そうか。田中先生が聴いてくれてへんように感じたり、あんまり気持ちをわかってくれないって感じて……もう私が我慢すればいいって感じたんやね。……」
48 あい:「うん……（納得はいってない顔）」
49 鈴木さん:「……つらいよね。……さっき、子どもは言っても無駄って感じてるみたいだけど、子どもにはおとなにきちんと聴いてもらって、一緒に考えてもらう権利があるって知ってる？」
50 あい:「え？　知らん。子どもは何でも我慢せなあかんのかと思ってた。うん、もう一度言ってもいいけど……でも、一人ではちょっと怖いな。……さっき、鈴木さん言ってたけど、もし田中先生に話する時は、手伝ってくれる？」
51 鈴木さん:「もちろんやで。一緒に、一度話してみようか」

鈴木さんも参加した話し合いの場面

52 ナレーター:「あいちゃんは鈴木さんと一緒に職員の田中先生のところに話に行くことになりました」

53 鈴木さん:「今回は、私も参加させていただき、ありがとうございます。あいちゃんと話し合いまして、先生に気持ちを伝えたいということで参加させていただきました。あいちゃん、今日はおもいきって思いを伝えてみような」
54 あい:「うん。がんばるわ」
55 田中先生:「あい、話したいことって？」
56 あい:「うん。みかちゃんがシャーペンを勝手に使ったってことなんだけど……」
57 田中先生:「うん。でも、あれはあいがそのへんにほっとくんが悪いんやないかって言ったよな。これから片付けをちゃんとできるようにならないと

な」
58 あい：「……（少しの間。鈴木さんに合図）」
59 鈴木さん：「あいちゃん、少し緊張している様ですので、私から話してもいいかな」
60 あい：「うん。鈴木さんから話して」
61 鈴木さん：「以前、あいちゃんとみかちゃんの話をしました。その時に、あいちゃんはとても大事にしているシャーペンをみかちゃんに勝手に使われたのもつらかったし、田中先生はわかってくれると思って言ったのに、あいが悪いって言われてつらかったとのことでした。あいちゃんとしては、田中先生には本当のことをわかってほしいということだよね」
62 あい：「うん。先生は、あいがシャーペンをほっといたってことだったけど、あいは筆箱に入れてたの。だからはあいは悪くないって思う。それはわかってほしいって思って」
63 田中先生：「そうやったんか。なんか、てっきりあいがそこらへんにほっといたんかと思ってたわ。ちゃんと話もきかんと、勝手にきめつけてごめんな。これからはあいの話、聴くようにするわ。
あと、みかとのことであいはいろいろ悩んでるみたいやな。今度、あいとみかと先生で話し合いをしよか」
64 あい：「いや、そこまではまだせんでええねん。でも、何かまたあったらそういう話し合いもいいと思う（笑顔）」

65 ナレーター：「あいちゃんは、自分の思いを先生がわかってくれてうれしかったし、自分の気持ちを言えたことで元気になりました。田中先生もそれ以降、前より話を聴いてくれるようになりました。鈴木さんにはまた何か施設の先生がわかってくれなかったり、みかちゃんが嫌なことをしてきた時には相談できるから、よかったなと思っています」

進行役：「おわり」

第Ⅲ部
障害児施設における職員・子ども調査

第8章　障害児施設職員にとっての
　　　　　訪問アドボカシー導入のニーズ・懸念・資質

　意見を形成することや、思いや気持ちを表明することに制約がある障害児もまた権利行使の主体として尊重され、子ども自身にかかわる事柄への意思決定を支援し、その過程に参加できるように支援することが、訪問アドボカシーの目指すところである。

　障害児施設で暮らす子どもの思いはどのように聴かれているのだろうか。訪問アドボカシーが障害児施設に導入されることを仮定するならば、それはどのようなニーズに基づくものであり、また、どのような懸念を現場にもたらすだろうか。さらに、施設を定期的に訪問して障害児の思いを聴くアドボケイトには、どのような資質が求められるだろうか。

　本章では、訪問アドボカシーをめぐるこれらの論点について、障害児施設の職員の協力を得て実施したインタビューをふまえて述べる。それに先行して実施した予備調査をもとに、障害児施設における権利擁護の現状についても、はじめに触れておく。

1　障害児施設職員からみた権利擁護の現状
（1）予備調査の概要

　障害児施設の職員を対象とする予備調査から、子どもの意見表明権の保障に向けた取り組みを含めて権利擁護の現状を概観する。

　障害児施設の職員を対象とする郵送式アンケート調査を実施し、子どもの意見や思いを聴くための実践の程度、権利擁護に関わる取り組みの効果を尋ねた。調査対象は、大阪府内のすべての障害児施設23カ所（うち福祉型14、医療型9）であり、回収率は60.9％、14カ所であった。調査期間は2014年

7月1日〜9月1日であり、施設長または苦情受付担当者に回答を依頼した。

回答者の勤務施設の種別は「福祉型」が9施設で64.3％、「医療型」が5施設で35.7％であった。2012年の児童福祉法改正前の種別については、「知的障害児施設」が42.9％、「肢体不自由児施設」「重症心身障害児施設」が21.4％、「盲ろうあ児施設」が14.3％であった。定員規模を「21〜50人」とする施設が5割であり、生活形態は「大舎制」が9割を占めた。

障害児施設における措置入所の要件は、保護者の不在、保護者の精神疾患、家庭内虐待であり、それらは低年齢児の主な入所事由とされる。近年は強度行動障害や家庭内暴力などの行動問題が入所事由として増えつつある（高橋2015：96）。回答者の勤務施設における措置率は0.0％〜97.6％と大きな幅がみられた。種別ごとに措置率の平均を算出したところ、福祉型は58.0％、医療型は13.6％であり、福祉型のほうが医療型よりも措置率が大きい傾向がみられた。このような回答傾向には措置率が高いという大阪府内の地域特性が反映されている。回答者の職責は「苦情受付担当者」が57.1％、「施設長」が42.9％であった。複数回答で尋ねた資格については、「社会福祉士」「社会福祉主事」がそれぞれ21.4％を占めた。その他には「保育士」「介護福祉士」「精神保健福祉士」「介護支援専門員」「看護師」「資格なし」であった。回答者の9割を男性が占め、30歳代と50歳代がいずれも42.9％であり、社会福祉分野での平均経験年数は約17年、調査施設での平均勤務年数は約8年であった。

（2）障害児の意見や思いを聴くための実践

障害児施設で暮らす子どもの意見表明権の保障に向けて、職員はどのようにして子どもの思いを聴いているのだろうか。子どもの意見や思いを聴くための実践の程度について、「子ども自身に関わることについて本人の意見を職員に伝える権利があることを説明していますか」などの8項目について実践の程度を4段階で尋ねた。ここでは、障害児施設に特徴的な回答傾向のみられる項目をとり上げて概説する。

個別支援計画の作成にかかわる会議への本人の出席については、「まったくできていない」が 50.0％、「あまりできていない」が 35.7％であり、両方で約 9 割を占めた。

　また、言葉による理解やコミュニケーションに配慮を要する子どもに対して、個別的な配慮を提供している程度については、「十分できている」「ある程度できている」という回答が併せて 61.6％であった。

　さらに、職員が経験しているジレンマについて複数回答で尋ねたところ、最も大きな割合を占めたのが「障害をもつ子どもの思いの確信の不確かさ」の 42.9％であった。「会話のできない児童の思いや意見を推し測っていく職員の力が不足している」「重度の知的障害がある場合、本人の意思確認が難しい」という自由記述回答がみられた。続いて、「時間的余裕がない」「子どもの思いの実現不可能性」がそれぞれ 30.8％であった。

　このように、会議への障害児の参加がほとんどみられなかったことから、意思決定過程への参加の機会をいかにして保障するかという課題が確認された。また、生活支援の場面では、コミュニケーションに関わる個別的な配慮を積極的に提供し、障害児の思いを汲み取る実践が十分に重ねられながらも、子どもの意思の確証性が得られないというジレンマの所在が確認された。

　子どもの意見表明を支援することによって、会議のみならず、生活におけるさまざまな意思決定過程に子どもの参加を促すことを目的とする訪問アドボカシーは、上述した障害児施設が直面する課題に応えるものである。また、先行する英国の子どもアドボカシー実践においても、重度の知的障害があって言葉による会話を行わない障害児のアドボカシーにジレンマが付随することが言及されている（堀 2011：153）。アドボケイトに対して定期的なスーパービジョンの機会が提供されている理由の一つであって、その必要性が予備調査結果からも確認された。

（3）障害児の権利擁護に関わる取り組み

　全国の障害児施設のうち苦情が 1 件以上寄せられた施設は 46.7％であり、

苦情の総件数は302件、1施設平均の受付件数は3.9件であった（日本知的障害者福祉協会2016）。苦情受付担当者の配置のみならず、子どもの権利擁護に向けた重層的な取り組みが施設ではみられ、それは、定期的な個別面談など職員から子どもにアプローチするものと、意見箱など苦情の解決を図るために子どもからアクセスするものがある。ここでは後者に相当する社会資源をとり上げ、それらが障害児施設でどのように利用され、どのような効果がみられるかについて職員に尋ねた。

　子どもの自治会活動の運営支援を実践する施設は64.3％であり、「ある程度効果がある」が50.0％、「十分効果がある」「あまり効果がない」がそれぞれ7.1％であった。

　意見箱や苦情箱を設置する施設は92.9％であったが、「ある程度効果がある」が50.0％、「十分効果がある」が21.4％であり、「あまり効果がない」が14.3％、「まったく効果がない」が7.1％であった。

　「子どもの権利ノート」を配付して説明している施設の割合は28.6％であり、その評価は「ある程度効果がある」が14.3％、「あまり効果がない」も14.3％であり、その評価は二分された。

　児童相談所のケースワーカーの役割や連絡方法を説明している施設は85.7％であり、「あまり効果がない」が42.9％、「ある程度効果がある」が35.7％、「まったく効果がない」が7.1％であった。苦情受付担当者、苦情解決にかかわる第三者委員を説明している施設はいずれも92.9％であった。しかし、「あまり効果がない」「まったく効果がない」という評価を併せた割合は、苦情受付担当者については57.1％、第三者委員については71.4％を占めた。

　このように、障害児施設では、権利擁護に関わる既存の社会資源の活用の程度が低いことに加えて、それらの有効性に対する職員の評価は小さい傾向がみられた。それらが活用されていない理由として、第一に、自治会に出席して話し合いに参加すること、用紙に文字を書いて意見箱に投函すること、「子どもの権利ノート」を読むことは、言葉による理解や発言が前提とされ、障害児にとってそれらにアクセスすることが難しい状況が考えられる。第二

に、児童相談所や第三者委員の連絡先を理解し、それらに連絡をとって苦情を表す行為そのものに、個別的な配慮を要することが考えられる。

これらのことから、障害児にとって、既存の社会資源にアクセスすることには言葉の障壁が大きく、言葉による理解やコミュニケーションに関わる個別的な配慮が必要であり、施設で暮らす障害児にそれらが十分に提供されていないことが課題としてうかがえた。このような状況を改善するためには、障害児施設におけるアウトリーチ型の権利擁護が必要であり、この点において訪問アドボカシーの導入の意義が確認される。

2 調査の目的と方法
（1）インタビュー調査の概要

訪問アドボカシーについて、障害児入所施設（以下、障害児施設）の職員が認識する導入のニーズと懸念及びアドボケイトに求められる資質を明らかにすることを目的としてインタビュー調査を実施した。

後述する予備調査で、インタビューへの協力の意向が確認された施設に連絡をとり、施設長または苦情受付担当者など一定の実務経験を有する職員12人（8施設）へのインタビューを依頼した。調査期間は2014年9月10日～2014年9月19日である。原則的に研究者と調査協力員が2人1組になって協力施設を訪問し、研究者がインタビューを主導した。インタビューの実施場所は施設内の会議室等であり、調査時間は1施設あたり60分間～90分間であった。

半構造化面接法によるインタビューの形態は、協力者の人数に応じて個別とグループを使い分け、共通して次のような手順をとった。まず、訪問アドボカシーの概要を説明し、必要に応じて説明を加えた。次に、**表8-1**に示したとおり、訪問アドボカシー導入のニーズと懸念に関する質問項目についてあてはまるものを複数回答で尋ねた。それをもとにして、選択の根拠となるような協力者の考えや、想定される具体的なエピソードを引き出すための質問を行った。例えば、「「『自分の思いをじっくりと聴いてほしい』とい

表8-1　訪問アドボカシー導入のニーズと懸念に関する質問項目

	分類		質問項目
施設職員が認識する訪問アドボカシー導入のニーズ	子どもの思いを聞く機会の創出	①	「自分の思いをじっくり聴いてほしい」という子どもの要望に応える機会を作ることができる
		②	「職員には言いたくない」という子どもの思いを聴くための機会を作ることができる
	意志決定過程に参加する機会の創出	③	職員間で協議する過程で、子どもの意見や思いを考慮できる
		④	意思決定過程に子どもが参加することによって、子どもの自尊心を高めることができる
	児童福祉施設における支援の質の向上	⑤	職員と子どもが閉鎖的な関係に陥る事態を予防することができる
		⑥	子どもの思いを十分に聴かず一方的に説教する状況や、子どもへの見方が画一化される事態を予防することができる
		⑦	職員による虐待や不適切な関わりを予防することができる
		⑧	子どもからの苦情を把握しやすくなり、迅速に対応することができる
		⑨	子どもの間に見られる加害行為やいじめを把握しやすくなり、迅速に対応することができる
	子ども意見表明権の理解の促進	⑩	子どもからの意見表明権について、子どもの理解を促すことができる
		⑪	子どもの意見表明権について、職員の理解を促すことができる
	その他	⑫	その他
		⑬	メリットはない
施設職員が認識する訪問アドボカシー導入への懸念	子どもとアドボケイトの関係に関わる困難	①	生活を共にしないアドボケイトを子どもが信頼して、自分の思いを率直に語ることは難しい
		②	子どもの言動の背景にある思いを理解するには時間を要するため、アドボケイトが子どもの言動に振り回される
		③	子どもが職員よりもアドボケイトを信頼するようになった場合、職員間のチームワークに混乱をもたらす
	子どもの表現方法に関わる困難	④	自分の思いを言語化することが苦手な子どもの思いを、アドボケイトが的確に理解することは難しい
		⑤	障害をもつ子どもの個別的な表現方法を理解した上で、アドボケイトが思いを汲み取って理解することは難しい
	アドボケイトの役割の限界に伴う困難	⑥	子どもの思いを聴いても、それが実現できない場合、子どもに失望感をもたらす
		⑦	子どもの思いを聴いても、それが施設の支援方針に沿わない場合、職員にジレンマをもたらす
	職員とアドボケイトの関係に関わる困難	⑧	アドボケイトと職員の間に意見の違いや対立をもたらす
		⑨	子どもに対するアドボケイトの責任の所在が不明瞭であるため、職員と信頼関係を作ることが難しい
		⑩	既存の権利擁護制度との関連が不明瞭であるため、職員に混乱をもたらす
		⑪	アドボケイトの定期的な訪問に関わる連絡調整など、職員に新たな業務をもたらす
	その他	⑫	その他
		⑬	懸念されることはない

う子どもの要望に応える機会を創ることができる」という項目に丸印を付けられましたが、具体的にどのような場面でそのようなニーズがみられると思いますか」というものである。

インタビューデータの分析方法は、逐語録から意味を見出すことのできる文脈を抽出して、サブカテゴリーを命名したうえで、類似するサブカテゴリーを集約してカテゴリーを生成した。それらをKJ法の手順を参考にして図解化し、カテゴリー間の関連を検討した。分析結果を次節から述べていくにあたっては、カテゴリーを【　】、サブカテゴリーを〈　〉、発言内容を一字下げにした「　」で示した。

調査にかかわる倫理的配慮は次のとおりである。協力者と施設長に対して調査目的や秘密保持について文書と口頭で説明を行って同意書を交わした。また、ICレコーダーによる録音、研究結果の公表について承諾を得た。調査協力員からは守秘義務に関する誓約書を取り付けた。なお、本調査は熊本学園大学研究活動適正化委員会による承認を得て実施された。

調査方法の課題について述べておく。インタビューの導入段階で、訪問アドボカシーの理念や実践原則に関する説明を行うことは、子どもの意見表明権にかかわる学習機会を提供することとしても捉えられる。しかしながら、教育的役割を期待される研究者がインタビュー調査を主導したことは、職員によって語られる内容が規範的なものに偏ることを避けられない。訪問アドボカシーに対する理解が浸透していく過程で、複数回にわたって調査を重ねながら、職員の認識にどのような変容がもたらされるのかを確認する必要がある。

（2）協力者の属性

インタビュー調査の協力者の勤務施設の基本属性を**表8－2**に示した。施設の定員規模は「21～50人」が5割を占め、協力者のうち11人が「福祉型」、1人が「医療型」の施設に勤務していた。

協力者の基本属性は**表8－3**のとおりであり、回答者の約8割が男性で

あり、30歳代が33.3％、50歳代と60歳代がいずれも25.0％であった。職責は「施設長」が66.7％、「苦情受付担当者」が25.0％であった。複数回答で尋ねた資格は「介護福祉士」33.3％が大きな割合を占め、「保育士」「社会福祉士」「社会福祉主事」はいずれも16.7％であった。社会福祉分野の経験年数は「11～20年」が5割を占め、調査施設での勤務年数は「10年以内」が約6割を占めた。

表8-2　協力者の勤務施設の基本属性

		人数（人）	割合（％）
勤務施設の定員	20人以下	3	25.0
	21～50人	6	50.0
	51～80人	2	16.7
	81～110人	1	8.3
	合計	12	100.0
勤務施設の種別	福祉型	11	91.7
	医療型	1	8.3
	合計	12	100.0

表8-3　協力者の基本属性

		人数（人）	割合（％）
性別	女性	2	16.7
	男性	10	83.3
	合計	12	100.0
年齢	20～29	1	8.3
	30～39	4	33.3
	40～49	1	8.3
	50～59	3	25.0
	60～69	3	25.0
	合計	12	100.0
職責	施設長	8	66.7
	苦情受付担当者	3	25.0
	その他	1	8.3
	合計	12	100.0
資格（複数回答）	保育士	2	16.7
	社会福祉士	2	16.7
	介護福祉士	4	33.3
	社会福祉主事	2	16.7
	その他	2	16.7
	なし	2	16.7
	合計	12	100.0
社会福祉分野での経験年数	10年以内	2	16.7
	11～20年	6	50.0
	21～30年	1	8.3
	31～40年	3	25.0
	合計	12	100.0
調査施設での勤務年数	10年以内	7	58.3
	11～20年	5	41.7
	合計	12	100.0

3 訪問アドボカシー導入のニーズ

(1) 子どもにもたらすメリット

　障害児施設の職員の立場からみれば、訪問アドボカシーはどのような期待や要望に応じることができるだろうか。職員へのインタビューから抽出された期待や要望をニーズと総称し、それぞれのニーズがどのように関連しているのかを検討して図8-1に示した。

　障害児施設に訪問アドボカシーが導入され、定期的に施設を訪問するアドボケイトが子どもの思いを聴くことによって、【子どもの安定】と【エンパワメント】がもたらされるのではないかという期待が職員から示された。

①子どもの安定

　施設で暮らす障害児の目に、訪問するアドボケイトの姿が映るとき、その子どもにどのような思いを喚起させるだろうか。「あなたのことをみんなで考えていますよ、っていうのを（子どもに）見せる機会」や、「自分のことに

図8-1　障害児施設職員からみる訪問アドボカシー導入のニーズ

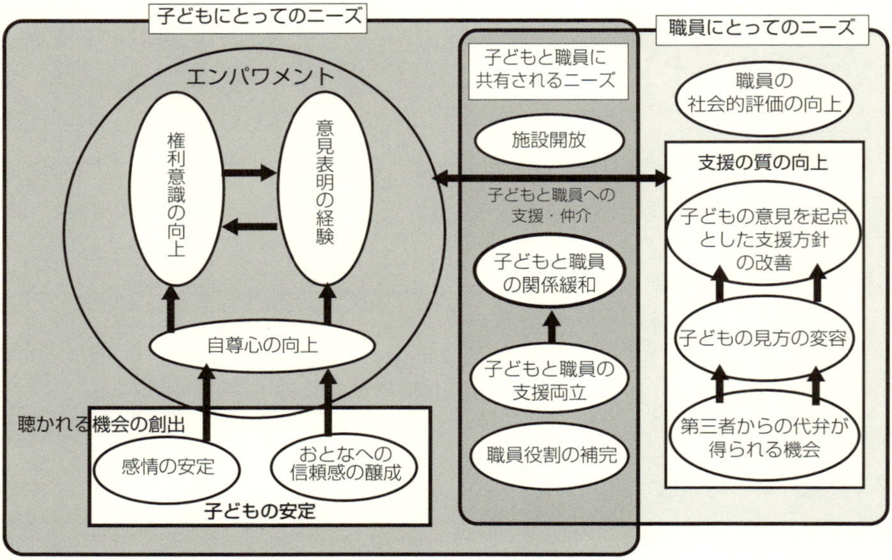

ついてこれだけ考えてくれる」おとなの存在を感じる機会として作用するならば、アドボケイトの訪問は〈おとなへの信頼感の醸成〉につながるという期待がみられた。これは次の語りによって確認される。

　「『じっくりと子どもたちの話を聴く時間を設けていかなあかん』という話を（職員間で）しているなかで、そこができたら、いろんなことが子どもたちから生まれ出てきて、その都度（一緒に）解決していくという流れができるんやけど。まだ、じっくりと聴いてあげられる時間が確保できてないがために、子どもたちに『んん？』という思いをさせてしまっているところがある」
　「聴いてもらって、解決を求めている子どもはあまりいないんですよね。聴いてもらうことに意義があるみたいなところがあって。聴いてもらって落ち着いて、というところでは（訪問アドボカシーは）いいかなと思うんです」

　このように、子どもにとって思いが聴かれる経験は〈感情の安定〉につながるものとして認識されていた。訪問アドボカシーの導入によって、子どもの思いを聴く機会を創ることが【子どもの安定】をもたらすであろうという職員の認識は、「もっと聴いてほしい」「自分のことについて考えてくれる人がいてほしい」という子どもの願いに裏打ちされるものである。施設で暮らす障害児が安定した気持ちで生活するためには、個別的な関わりのなかで、一人ひとりの思いが丁寧に聴かれる機会が不可欠といえる。

②エンパワメント
　自らの思いが聴かれることなく施設で暮らすことになった子どもの経験が自尊心に及ぼす影響については、職員による次の語りに端的に表れている。

　「『なんでお父さん、お母さんと一緒に暮らせられへんねん』という気

持ちはずっともっているものですし、そのへんの気持ちで自分を責めて自己肯定感をなくす子もいると思うんですよね」

自己肯定感を奪われた子どもの思いが、アドボケイトによって丁寧に聴かれることは、「自分も大事な人間だと思える機会」でもあり、そのような経験が〈自尊心の向上〉につながるものとして期待されていた。

「自分が大事な存在であるということを感じられずに児童期、青年期を迎えるっていう子どもが多いので、自分の意見が言える権利をもっているということよりは、そういうこともできる（思いを伝えることができる）自分も大事な人間だと思える機会となればと思います」
「自尊心というのか、自分が、今のままでいいんだとかいう部分ですね。自分が認められるということですね」

このように、思いが聴かれる経験は子どもの〈自尊心の向上〉に肯定的な影響を及ぼすと考えられる。自尊心が向上する経験を土台として、実際にアドボケイトの支援を受けながら〈意見表明の経験〉を重ねることで、子どもは自分の生活や自分に関わる事柄の意思決定過程に参加する機会が得られ、自信を増していくことにつながる。

「子ども自身が、意見表明権っていう、そういうシステムを理解してくれたらすごくいい」という語りにみられるように、自らの権利についての学びを通して、〈権利意識の向上〉がもたらされ、これらの相乗効果として【エンパワメント】につながっていくと考えられる。

英国の子どもアドボカシーが根ざす理念として挙げられるのが、子どものエンパワメントである。意見表明の支援を利用することによって意思決定過程への参加が促進され、そのことが子どものエンパワメントにつながるという理念と、訪問アドボカシーに対する職員のニーズが重なることがうかがえた。

（2）職員のニーズ

　障害児施設に訪問アドボカシーが導入されることを想定したときに、職員の立場から【支援の質の向上】と【職員の社会的評価の向上】というニーズが示された。

①支援の質の向上

　障害児施設の職員にとって、訪問アドボカシーを導入することは、子どもへの支援のあり方にどのような変化をもたらすだろうか。アドボケイトが第三者の立場であることに着眼して、次のような期待が語られた。

> 「ずっと生活を見ていると、やっぱり、子どもの性格とかいろいろなことがわかってしまう、『わかっている』ようになるじゃないですか、職員というのは。そういうときに第三者の方が入って（中略）（子どもへの）違った見方を教えてもらえる」
>
> 「個別支援計画を立てて支援してきているので、マンネリ化した、ちょっと言い方がきついんですけれどもね、自分が理解した段階の支援を継続してしまう。（中略）第三者の人とか専門の人から『こういうふうにすればもっとよくなる』とかアドバイスを受けることで、支援方針が変わることを期待している」

　これらの語りにみられるように、第三者の立場で子どもの思いを聴こうとするアドボケイトには、「違った見方」を職員にもたらすことが期待されている。アドボケイトによる発言内容が〈子どもの見方の変容〉を促すものであり、それを〈子どもの意見を起点とする支援方針への改善〉につなげていきたいという期待が把握された。〈第三者からの代弁が得られる機会〉の重要性は医療型障害児施設の職員からも語られた。

「(親が) いろんなことを代弁者として言ってきたときに、それこそ親の言うてることが本当に子どもの意向を引き継いでいるかどうかというのはわからんのですね。わたしたちが受け取っている子どもの希望と、親が『子どもにこうしてほしい』ということはやっぱり違うわけですね」

　このように、訪問アドボカシーの範囲は、支援関係のみならず、親子関係にも広がりをもつことが見込まれるのではないかという、職員の期待がうかがえた。

②職員の社会的評価の向上
　子どもの権利条約に照らしてみれば、アドボケイトは子どもの参加する権利の保障に重きを置く。一方の施設職員は子どもの生活場面で、生きる権利や守られる権利、育つ権利の保障に軸足を置いて、他職種と連携しながら支援を行う。このような職員の役割の重要性は、訪問アドボカシーが導入された施設においても揺らぐことはない。むしろ、その社会的評価が小さい現状について次のように語られた。

　「児童福祉施設で働いている職員の社会的な評価といいますか、それが今は低いと思うんですね。(中略) (職員の) 社会的な評価を上げていって、それだけ重要な仕事であるということを職員の中にも落とし込んでいけるような動きが必要だと思うんですね」

　施設との利害関係を有しないアドボケイトだからこそ、施設で暮らす障害児が置かれている生活環境にみられる課題のみならず、その生活を支援する施設職員の役割の重要性を社会に向けて知らしめることによって、社会的評価の向上に寄与できるのではないかという役割期待が示された。

（3）子どもと職員に共有されるニーズ

　訪問アドボカシーの導入は、施設で暮らす子どもと、その生活を支援する職員の両方に共通するメリットをもたらすことがうかがえた。両者に共有されるニーズとして【子どもと職員への支援・仲介】と【施設の開放】に整理された。

①子どもと職員への支援・仲介

　子どもの思いを聴くことはアドボケイトだけが担う役割ではなく、生活を共にする職員にも期待されている役割である。しかしながら、子どもの思いを聴くための時間を取ることが「一番施設で欠けていること」というように、施設職員の多忙な職場環境や、人員配置に関わる制度上の課題が強調して語られた。

　　「日常生活、食事、排せつ、着替え、入浴等々、すべてを賄いながら、子どもたちとじっくり話をしていく時間を確保するのが難しいなぁというところですね。担当職員を中心に（子どもの）話を聴こうという時間を工夫して創ってくれているんですが、おそらく、『もっと聴いてほしい』という（子どもの）声のほうが多いですね」

　　「じっくり聴いてあげるっていうのが、なかなか（難しい）。生活に追われてますわ、はっきり言うて。少ない職員の中で、本当にばたばたして。実際回らないのが現状ですわ。本当に職員が聴いてあげようと思っても、聴いてあげる機会がないから」

　生活支援に追われる多忙な職員の「話を聴こう」という思いに加えて、「もっと聴いてほしい」という子どものニーズに応えていくことは、子どもの支援のみならず、〈職員役割の補完〉という点で職員を支援することにもつながる。ここでは、アドボケイトの立ち位置が問われることになる。

「職員にとっても、子どもたちにとっても有益という部分で、しっかり位置づけられたらいい（中略）子どもにとっても、職員にとっても心強い第三者の存在なんや、というかたちが創れたらいいんじゃないかと思います」

　この職員の語りにみられるように、子どもと職員の両者にとって「有益」な「第三者」として認識されることは重要である。職員とアドボケイトが、それぞれ異なる立場性やアプローチを活かしながら、施設で暮らす子どもの権利擁護を担っていくという認識を共有する限りにおいて、〈子どもと職員の支援の両立〉という役割が機能する。
　一方、「施設職員には言われないようなこともたくさんあると思います」というように、職員の役割の限界が認識されていたことは着目される。

　「職員に話すとまた他の職員に言われて、かえってしんどくなるん違うかと思う子もいるやろし」
　「子ども同士の人間関係のところなんかは、（職員に）言っちゃうと、そのことが相手に伝わるんじゃないかっていうようなことですよね」

　これらの語りにみられるように、子どもが職員に語った内容が、他の職員や子どもに知られてしまった場合、何らかの支障や不利益がもたらされるという懸念が生じやすいのも、施設という生活空間の特徴である。交代制の勤務に伴って子どもの情報を職員間で共有しなければならない職員の役割と、「誰にも言わないでほしい」という子どもからの要望が向けられる役割が相反している。このような両者の関係を、第三者であって守秘義務を有するアドボケイトが仲介することで、〈子どもと職員の関係緩和〉につながることが期待されている。

　「（子どもの思いを）第三者がしっかりと受け止めていただくことによっ

て、職員との関係が別の形になるのでないか。今まではマイナスの表現でしか関わりを（もてなかった子どもや）、注目を浴びようとしかしなかった子どもたちが、よいことについて職員と話をする方向に向かっていけるのではないか」

このように、子どもと職員の関係性を積極的に変容させることへの期待も語られた。第三者が施設を訪問することで、子どもと職員の関係が「別の形」に変容するかもしれない、というこの語りは多くの示唆に富み、権力関係に介入するというアドボカシーの本質とも重なり合う。

②施設の開放

障害児施設の職員は、施設という生活の場をどのように認識し、外部のアドボケイトの訪問が施設のあり方に及ぼす影響についてどのように認識しているだろうか。施設に対する子どもの認識について、職員は次のように推察している。

「（子どもにとって）施設は入りたくないところですから（中略）『何でこんなところにこなあかんねん』といったマイナスのイメージを持っている子どもたちが多いんで。（アドボケイトの訪問は）それを緩和するためにもね」

「（施設という空間は）閉鎖的でね。何をしてるんかわからへんようなところは、（昔に比べると）だいぶなくなってきましたけどね。だから（アドボケイトの訪問が）うまく作用したら、子どもにとったらものすごい大事な（仕組みになる）」

施設に対する否定的な感情を抱きながらも、職員からの支援を獲得するために施設での生活に過剰に適応しようとする子どもの葛藤が、職員に向けられてしまうことを想像するのは容易である。葛藤を有する障害児と、葛藤に

さらされる職員との関係が閉じられていくことを回避する、ということもまた訪問アドボカシーのニーズとして捉えられる。

4 訪問アドボカシー導入への懸念

（1）子どもにもたらす不安

障害児施設の職員は、訪問アドボカシーが導入されることについて、どのような不安や懸念を抱いているだろうか。インタビュー内容から抽出されたそれらの全体像は図8－2のとおりである。

それらのうち、訪問アドボカシーが子どもにもたらすであろう不安として抽出されたのが【アドボケイトの資質への懸念】と【子どもとアドボケイトとの関係形成の困難】である。

図8－2　障害児施設職員からみる訪問アドボカシー導入への懸念

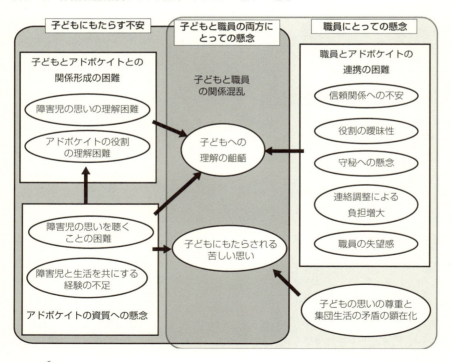

①アドボケイトの資質への懸念

　言葉による理解やコミュニケーションに配慮を要する障害児のなかには、入室を拒むなどの具体的な行動や、まばたきなどの表情で自らの思いを表現している子どもがいる。施設の職員は、生活場面にみられるそのような子どもの思いを汲み取りながら生活を支援している。施設を訪問するアドボケイトの資質に対する懸念として、「ちょっと来てわかるというのは難しい」という語りに代表されるように、〈障害児と生活を共にする経験の不足〉について次のような指摘がみられた。

　　「子どもと何日間か生活を一緒にやらないと、（子どもの思いは）わからないんとちゃうかな。よく観察して、いったい何を訴えようとしているのかを表情でつかんで、遊びでつかんで。子どもがどういうことを希望しているのかを推し測る能力をお持ちの方（がアドボケイトにふさわしい）。そのためには、表面的に見ているだけではなくて、一緒に生活をして、そこからでないと、本当の子どもの思いを代弁することは簡単なことではないやろな」

　生活を共にする職員であっても、障害児一人ひとりの表現方法の独自性を理解するには時間を要するということをふまえて、アドボケイトもまた障害児の思いを聴くに至るまでに、多くの時間や試行錯誤を要することが指摘された。

　　「障害のある子どもっていうのは、時間をかけないと話ができなかったりとか、緊張感が高かったりとか。この子の表現方法はこうなんやっていうところ、そういった部分を理解するにも時間がかかると思います」
　　「とても長い時間をかけて話を聴かないと、本当のことにいきあたらなくて、本人もそのことに気づいていないこともあるので」

多忙な勤務状況に置かれている職員にとって、「時間がかかる」ということは「難しい」という認識にも転じやすく、〈障害児の思いを聴くことの困難〉が懸念として挙げられた。しかしながら、聴くことの難しさの本質は、次の語りに示されている。

　　「（訪問アドボカシーが導入されたとき）言語をもたない重度の知的障害の子どもたちはいったいどんなふうになるんだろう」

　ここで語られた懸念は、障害児のアドボカシーに関わる深刻な課題を端的に表している。「言語をもたない」で社会に存在するということはどのようなことか。表情や身振りよりも言葉で意思を表現することが優位とされる社会規範や、言説を生成する力と社会的承認がとり結ばれやすい社会規範によって、障害児の意見表明にかかわる機会や、その存在が社会の中で承認される機会が制限されているといえる。このような認識の方法は、言語という社会的障壁にさらされた障害児の思いを聴こうとする実践の拠り所である。

②子どもとアドボケイトとの関係形成の困難
　アドボケイトが訪問する施設は、子どもにとって生活の場であり、その空間や時間の連なりのなかで思いがかたどられていく。障害児の思いを理解しようとする職員の実践は、子どもの言動の背後にある出来事をさかのぼって理解し、それらの因果関係を読み解こうとするものであることがうかがえた。そこで、生活場面で子どもの様子を継続的に把握することが難しいアドボケイトに対して、〈障害児の思いの理解困難〉という懸念が示された。

　　「（子どもの思いの）後ろにある背景ですね、今どんな状況にあるか、ここ何日かをどう過ごしていたのかは、絶対に逃さない情報で、それをもとに話を聴き（中略）そこの部分がどんなふうに反映されるのかなという心配が（あります）」

第8章　障害児施設職員にとっての訪問アドボカシー導入のニーズ・懸念・資質

　「非言語、表情、目線、その前後の行動に注目しないと、その言語の信憑性は測れないと思うんで。（アドボケイトが）決まった時間だけお話するところで、その口頭の内容のインパクトが強ければ、『子どもらがこう言っている』ということに結びつきやすいのかな。日頃から僕らも振り回されているような状態ですからね」

　施設で暮らす障害児の思いを多角的に理解するために、臨床心理士や児童相談所のケースワーカーを含めて複数の職種が施設を訪問している。訪問アドボカシーが導入されたとき、アドボケイトの役割は障害児にどのように理解されるであろう。

　「自分たちにとって何をしてくれる人かっていうことが、知的障害をもっている子どもたちにもわかりやすいように説明いただく機会があれば、もしかしたら、『あっ、今日はあの人が来る日か』みたいな定着が望めるかもしれない」

　それは〈アドボケイトの役割の理解困難〉という懸念として示された。アドボケイトの役割を説明する場面では、子どもの理解の仕方の個別性に応じた配慮や工夫が求められる。

（2）職員にとっての懸念
　訪問アドボカシー導入に対する懸念のうち、職員にとっての懸念は【職員とアドボケイトの連携の困難】と【子どもの思いの尊重と集団生活の矛盾の顕在化】に分類された。

①職員とアドボケイトの連携の困難
　子どもや職員と利害関係のない第三者性を特徴とするアドボケイトとの関係は、職員にとっても初めて経験されるものである。それは、「第三者が入っ

てしまうと、職員との軋轢(あつれき)が生まれる」という語りにみられるように、アドボケイトの役割特性をふまえたものであり、〈信頼関係への不安〉として示された。また、児童相談所のケースワーカーや後見人などの職種が現存するなかで、〈アドボケイトの役割の曖昧性〉が連携を困難にするという不安が示され、それは具体的には次のようなものである。

　　「例えば、治療を受ける、受けないの問題。治療は嫌いやから受けたくないとか、そういうことに及んできたらいったいどうするのか。(中略)人生に大きく関わるような問題については、このシステムはどうかなと思う」

　また、子どもから聴いた話の内容について守秘することがアドボケイトの実践原則とされているが、そのような〈守秘への懸念〉も示された。

　　「話の中身によってはタイムリーにやらなきゃいけないっていう部分とかもある（中略）（子どもを）特定化しないで、こんな声があったっていうことを基本的に施設に返さないと（いけない）と思う」
　　「いろんな立場で意見を交わすことによって違う見方ができる。そういう意味では、（子どもから聴いた話を）開示しないとなると難しい」

　このように、医療の選択や、住まいの場の選択も含め、日常生活や社会生活における訪問アドボカシーの役割範囲や、アドボケイトの守秘義務の例外規定をどのように設定するかは、今後の重要な検討課題である。
　さらに、訪問アドボカシーの導入によって、訪問日時の連絡調整に関わる業務が新たに生じることから、〈連絡調整による負担増大〉という不安が示された。一方、子どもがアドボケイトを信頼して思いをうちあける場面を想定したときに、子どもへの関わりに「時間を費やしている」職員に対して「子どもが話しにきてくれない」状況が、〈職員の失望感〉を惹起させるという

懸念が示された。

②子どもの思いの尊重と集団生活の矛盾の顕在化

　規模の違いはあるものの、集団での生活が営まれている場が施設である。障害児の思いを個別に聴こうとするアドボケイトの役割を、施設職員はどのように認識しているだろうか。

　　「個人の意見を尊重するだけでは難しいのが集団生活でもあるわけですから。それを本人に対してアドボケイトさんは返答してくれるのかな、というふうに思いますけどね。（中略）集団生活ではできませんねん、となったときに、子どもたちへのフィードバックをね、職員がすべきことなのか」

　このような懸念の背後には、個別化という支援の価値と、集団生活の維持という施設の規範が、拮抗しながら併存している施設の環境がある。そのような施設でのアドボケイトの役割は、〈子どもの思いの尊重と集団生活の矛盾の顕在化〉を促すことになるに違いない。その矛盾に直面する子どもの思いをどのように聴くかということもまた、今後の重要な検討課題である。同時に、生活形態も含めて、施設で暮らす障害児が置かれた環境を改善していくためのシステム・アドボカシーの必要性が確認される。

（3）子どもと職員の両方にとっての懸念

　アドボケイトの訪問によって【子どもと職員の関係混乱】が施設にもたらされるのではないかという不安は、子どもと職員の両方にとっての懸念として確認された。そのうちの一つに〈子どもへの理解の齟齬〉が両者の関係を混乱させるというものがあり、次のように語られた。

　　「職員の対応の愚痴を子どもが（アドボケイトに）言ったとして、『聴い

てもらうだけでよかったんだけど、解決してほしいわけじゃなかったんだけど』という場合においてね、『わかりました、そんなことは大変やから先生に言って解決の方法を』ってなると、意図が全然変わってきてしまう」

そのようなことが生じないように「高度な技術」がアドボケイトに求められる、と語り手である職員はアドボケイトの資質についても加えて語っている。また、アドボケイトの支援によって、「最終的に何も変わらなかった」場面を想定した場合、〈子どもにもたらされる苦しい思い〉にどのように対応するかという懸念も示された。

「（被虐待児の『帰りたい』という思いを）日常生活や背景を知らない人が聴いて、その思いに寄り添ってしまうと、その思いがいたずらに強くなったりとか、それで立ち行かなくなって、本人自身が苦しい思いをする。そのへんですね、アドボケイトさんとの関係のなかでどう取り扱っていくか」

アドボケイトによって聴かれた子どもの思いが、どのようにして他者に伝えられ、どのような理由で状況が変わらなかったかを子どもに説明する。そして、その結果に対する子どもの思いを聴くこともまた、アドボケイトの重要な役割である。このような一連の過程において、子どもをとりまく環境や社会構造にシステム・アドボカシーにつながる契機が潜在しているかどうかを見極めることもアドボケイトに求められる重要な資質といえる。

5 アドボケイトに求められる資質

（1）バランス感覚

障害児施設を訪問するアドボケイトに対して、職員はどのような資質を求めているだろうか。訪問アドボカシーの担い手であるアドボケイトの資質を

尋ねたところ、【バランス感覚】と【ピアアドボケイトの役割】に整理された。訪問アドボカシー導入への懸念に【アドボケイトの資質への懸念】が挙げられていたことから、それとの関係も含めて、アドボケイトに求められる資質を一体的に図示したのが図8－3である。

「職員サイドの立場もある程度わかる」人が望ましい、という語りにみられるように、施設の理念や支援方針なども含めた〈施設の役割の理解〉が求められている。また、それぞれの職種によって子どもの見方が異なることを前提にして、どのような立場から発言しているのかを見極めるために、〈関係機関の役割の理解〉の重要性が示されていた。これらを総称する【バランス感覚】という概念は次の語りに見出すことができる。

> 「子どもともそうですし、施設職員ともそうですけど、バランス感覚っていうんかな、自分の立ち位置っていうのがいったい何なの

図8－3 障害児入所施設職員からみるアドボケイトに求められる資質

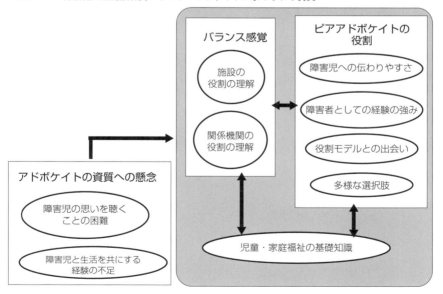

かっていうのがわかったうえで、しっかりとお互いにコミュニケーションがとれるということが一番大事だと思いますね」
　「子どもらの口頭の要求だとかニーズをそのまま受けとるんじゃなくて、心の中にある真のニーズを引き出すことができるスキル」

　多職種が交差する施設において、第三者のアドボケイトに求められる資質の中核となるのが、子どもの意見表明権を保障するという役割の自己認識である。併せて、子どもの立場に立ちながらも、他職種の立場を十分に理解したうえで、子どもの思いを伝える相手や、伝える時機、伝わりやすい方法などの適切性について、子どもが考えられるように支援するための【バランス感覚】が求められる。
　加えて、子どもの「真のニーズ」を引き出すためには、相談援助に必要な基本的な技術が求められていることも示された。また、アドボケイトが施設で暮らす障害児にかかわるうえで、障害児の心理、被虐待児の心理、共依存関係を含めた親子関係などの【児童・家庭福祉の基礎知識】を要することが職員の語りから確認された。

　「子どもたちから教えてもらう姿勢が大切やと思う。(それが、子どもたちの思いを) 聴く技術につながっていくと思います」

　このような語りは、「子どもの意見と願いによって導かれる」(DoH 2002) という英国の子どもアドボカシーの全国基準の第一に掲げられている子ども中心の原則とも重なり合ことが確認される。

(2) ピアアドボケイトの役割
　アドボケイトの属性として障害当事者であることは、子どもの思いを聴くことにどのような影響をもたらすのだろうか。ピアアドボケイトの役割について尋ねたところ、研修を受講するなどの一定の資質を担保したうえで、そ

の意義が強調された。精神障害者によるピアサポートや、特別支援学校における在学生と卒業生の交流になぞらえて、ピアアドボケイトの役割の意義が次のように語られた。

　「同じことをわれわれが言うよりも心が動きやすい、というところがあるんですね。そういう意味で、ピアの役割っていうのは大きいところがあるかな、って思ったりします。わかっているんだけどやりたくないとか、知っているけれども知らん顔したいとか、そういう部分がパーッと解けやすい。（アドボケイトとして）同じような役割を担えるかどうかは別問題として、ピアの役割は大きいんじゃないかと思います」

　このように、ピアアドボケイトの役割特性として〈障害児への伝わりやすさ〉があり、子どもの思いが聴かれる権利や、アドボケイトの役割の理解を促すことが期待される。また、障害当事者として経験した生活のしづらさが、障害児の思いを汲み取る場面で〈障害者としての経験の強み〉として活用されることも考えられる。「障害程度は同じであっても、育ってきた環境やものの考え方みたいなものは人それぞれ」であり、障害の有無にかかわらず「個が問われます」という前置きがあってから次のような語りがみられた。

　「障害があって、いわゆる、健常ではないところでの生活のしにくさを経験されて、その部分での、適切なアドバイスは、われわれよりもずっと正確に、当事者ですから、表現できたり、同じような障害でお困りの方にとっては心強いと思う」

　このようなピアアドボケイトと出会うことは、障害児にとって〈役割モデルとの出会い〉という意味が付加され、自立観に肯定的な影響を与えることも期待されている。

「同じ障害をもっていてもこんなに活躍している人がいるんや、目標とまではいかなくとも、自分も頑張れば同じような素敵な活動ができるんやと感じる子どもがいるかもしれないですよね。(中略) 子どもの声を聴きとっていくときに、障害であるということがプラスになるかはわからないが、施設にきていただいて、その働く姿を見せてもらうだけでも子どもたちにとっては（アドボケイトの役割は）大きいと思いますね」

　さらに、アドボケイトの属性について、障害当事者を含めた〈多様な選択肢〉を設けることによって、自らの障害の認識の程度や性別に応じて、障害児が自らの思いを聴いてほしい人を選択できるようにすることも必要であろう。この点にもピアアドボケイトの役割の意義が確認される。
　障害者の自立生活センターではピアカウンリングを用いた支援実践が蓄積されて久しいことから、障害児のエンパワメントを志向するアドボカシーにおいて、ピアカウンセリングの理念や技法の援用可能性が大きいものと考えられる。また、アドボカシーの実践場面に限らず、訪問アドボカシーの導入期間から障害当事者と協働していくことも求められよう。

6　障害児施設における訪問アドボカシーの今日的意義

　障害児施設における訪問アドボカシーの導入を構想するにあたって、職員が認識しているニーズや懸念について論じてきた。ここでは、障害児と施設職員の関係性、障害児と地域社会との関係性に焦点をあてて、訪問アドボカシーがそれらに介入することの意義について考察を加える。
　インタビュー調査からは、子どもと職員の関係を「別の形」に変容させる、というニーズが示された。支援関係における虐待の文脈依存性をふまえて、障害者と支援者の関係性に応じて、不適切な行為の意味づけは可変的であることが三井（2016）によって指摘されている。また、その行為の加害者が「優位に立つ」関係性を虐待の前提とし、優位であることを弱めるための仕組みが必要であるとしている。さらに、そのような二者関係に閉じない人間関係

を作る機会が、施設で暮らす障害者は制度的・構造的に奪われていると言及している。

このように、施設で暮らす障害児と職員の関係が閉じられ、かつ、障害者よりも健常者が、さらに、子どもよりもおとなが優位に立ちやすい関係のなかで、それまでの支援が不適切な関わりに転じる可能性が大きくなる。ところが、障害のある子どもにとって、提供されている支援の適切性を考えることや、苦情解決に向けて訴える方法を考えることには、他者による支援を要する。具体的には、誰にどのように連絡すればよいかを情報提供するにあたって、子どもの理解の仕方に応じた配慮が必要となる。また、独自の手段を使って発信される子どもの思いを受け止めながら、その思いを推し測って苦情へとつなげていくことも求められる。

しかしながら、子どもが苦情を申し立てるために個別的な配慮を提供する役割と、子どもから苦情が向けられて解決を図る役割の両方を職員が担うことには大きな矛盾が生じる。この矛盾を解消する手立てとして、訪問アドボカシーの導入が企図されている。アドボケイトが障害児の苦情や訴えを聴取して権利擁護につなげることが訪問アドボカシーの意義であり、それが機能するには、独立性かつ第三者性を要件とすることが必要不可欠となる。

また、職員の語りからは、施設を開放するというニーズがみられた。障害児施設の職員経験を有する植田（2016）は、「生活する意味のある暮らし」を求めて障害者が大きな葛藤を抱いていること、また、その障害者を支援する職員も葛藤に直面している現状を述べ、そのような葛藤の蓄積はあたりまえの生活を支援しようとする職員の思いを消耗させかねないと指摘している。このような状況の改善に向けて、障害者にとって、同じ地域で暮らす住民から関心を持たれることが必要であるとし、その意味において「施設の社会化・地域化」が重要であると述べている。山本（2016）もまた、施設は意識的に閉じているわけではないが、地域に住んでいる一般の人が施設を訪れることはあまりなく、それ故に、施設で生活する障害者への関心が薄れ、その結果として、支援者と障害者の閉鎖的な関係が生じやすくなると指摘してい

る。そして、施設職員の語りを引きながら、そのような閉じられた関係のなかに、障害者虐待や「支援者の傷つき」が生じることを言及している。

　関心が払われることのない施設で暮らしていた障害者がメディアに取り上げられたのは2016年7月26日であった。入所施設で起こった障害者殺傷事件が引き起こされた日である。地域社会から自ずと隔たれていく施設にあって、訪問アドボカシーは「子どもにとったらものすごい大事な」仕組みになるのではないかという職員の語りは、インタビュー調査が実施された当時よりも、事件を挟んだ現在にあってより切実な響きをもった希求として捉えられる。施設の所在する地域で子どもが多くの人と関わりながら育つことと、施設の職員しか知っている人がいない地域で暮らすことでは、子どもと職員の関係が異なるからである。

　このようなことから、施設を開放するとは、すなわち、職員や地域社会との間にみられる抑圧関係から施設で暮らす障害児を解放することである。第三者のアドボケイトが施設に訪問することは、障害児と職員との関係性のみならず、地域社会との閉ざされた関係性を開放しようとするものであり、それは、障害児が地域社会の一員として参加する権利をどのようにして保障するかを考える営みへとつなげられていくことになるであろう。

文献

DoH (Department of Health) (2002) *National Standards for the Provision of Children's Advocacy Services*. London: Department of Health Publications. (=2009, 堀正嗣訳「子どもアドボカシーサービス提供のための全国基準」堀正嗣・栄留里美『子どもソーシャルワークとアドボカシー実践』明石書店 ,165-192.)

堀正嗣「障害児の参加とアドボカシー」堀正嗣編著（2011）『イギリスの子どもアドボカシー』明石書店 ,145-162.

堀正嗣・子ども情報研究センター編著（2013）『子どもアドボカシー実践講座』解放出版社.

三井さよ（2016）「支援と虐待のはざまで──虐待を防止するとはどのようなことか」『社会福祉研究』第127号 , 29-37.

日本知的障害者福祉協会（2016）『平成 26 年度全国知的障害児入所施設実態調査報告』

高橋潔（2015）「知的障害児施設における地域移行支援の現状と課題」『社会福祉研究』第 124 号，94-102.

植田辰彦（2016）「阿倍野区社会福祉施設連絡会 障がい児者部会におけるこれまでの実践と今後の可能性——つながりと支えあいのまちづくり」『大阪市社会福祉研究』第 39 号，67-80.

山本智子（2016）『発達障害がある人のナラティヴを聴く』ミネルヴァ書房，114-121.

第9章 障害児施設入所児童にとっての訪問アドボカシー導入のニーズ・懸念・資質

　福祉型障害児入所施設は全国に244カ所あり、そこでは6865人の子どもが暮らしている（厚生労働省2017）。施設を生活の場とする障害児にとって、訪問アドボカシーを利用することには、どのようなニーズや懸念があるだろうか。

　本章では、福祉型障害児入所施設で暮らす子どもへのインタビューをふまえて、アドボケイトに思いが聴かれることへの必要性や不安を探索的に論じていく。また、子どもの語りを引きながら、子どもの望むアドボケイト像を描いていく。さらに、前半の職員調査と比較して、職員と子どもの認識の差異について考察を加えることとする。

1　調査の目的と方法

　障害児入所施設（以下、障害児施設）で暮らす子どもが認識する訪問アドボカシー導入のニーズと懸念及びアドボケイトの資質を明らかにすることを目的として、障害児の協力を得てインタビュー調査を実施した。

　前年に実施した職員へのインタビュー調査の協力施設のうち、子どもへのインタビュー調査の協力が得られた施設に対して、言葉によるコミュニケーションがおおむね可能な子どもを選定するように依頼した。その結果、2カ所の施設から各3人、計6人の子どもの協力が得られた。協力者の基本属性は表9－1のとおりである。

　調査実施日は2015年8月2日と8月4日である。インタビューの実施場所は協力施設のレクリエーションルーム等であり、調査時間は1人あたり40～60分間であった。研究者、障害当事者の調査協力員、学生のアシスタ

表9-1 協力者の基本属性

性別	学齢	入所期間	障害種別
男	高校生	1年4カ月	知的障害
男	高校生	2年4カ月	知的障害・身体障害
男	高校生	4年0カ月	知的障害
女	小学生	10年3カ月	知的障害・身体障害
男	高校生	9年7カ月	知的障害
男	高校生	0年5カ月	知的障害

ントが三人一組になって協力施設を訪問した。研究者がインタビューを進行し、調査協力員が子どもに理解しやすいよう説明を加えることや表情を記録するなどの役割を担った。アシスタントの学生は協力施設での実習経験を有することから、緊張感の高い子どものインタビュー場面に同席して雑談を交わすなど、子どもが安心して話せる雰囲気をつくる役割を担った。

　インタビューに先立って、子どもとの関係づくりを目的として、自己紹介を兼ねたアイスブレイクに取り組んだ。次に、訪問アドボカシーの理解を促すことを目的として、「アドボケイトってどんな人」というテーマの寸劇（**第7章　添付資料2、132頁**）を行った。休憩を挟んで、半構造化面接法による個別インタビューを実施した。①意見箱、児童相談所のケースワーカー、第三者委員などの利用状況、②アドボケイトに話を聴いてほしいと思うか、③話を聴いてもらうときにどのようなことが心配か、④どのような人に話を聴いてほしいか、という4点について自由に語ってもらった。

　分析方法は、インタビュー内容の逐語録を作成し、意味を見出すことのできる文脈を抽出し、それらにサブカテゴリーを命名したうえで、関連を検討して図解化した。なお、カテゴリーの生成に至らなかったのは、データが極めて少なかったことによる。次節から分析結果を述べるにあたって、サブカテゴリーを〈　〉、発言内容を一字下げの「　」で示した。

　倫理的配慮については、協力者と施設長に対して、調査目的や秘密保持について文書と口頭にて説明を行って同意書を交わした。また、ICレコーダー

による録音、研究結果の公表について承諾を得た。さらに、調査協力員とアシスタントからは守秘義務に関する誓約書を取り付けた。本調査の実施にあたっては、熊本学園大学研究活動適正化委員会による承認を得た。

　調査方法上の課題は多い。一つ目に、協力者が6人と少なく、かつ、独自の表現方法や関係づくりの方法をもつ子どもに初対面でインタビューを行ったことである。自由に語りを引き出したとは言い難く、言葉に依存するインタビュー方法の限界があった。二つ目に、小学生の子どもについては、日常生活と異なる雰囲気に馴染むことが難しかったようで、関心がインタビューに向けられず、語りをほとんど引き出すことができなかった。三つ目に、子どもの選定を協力施設の職員に依頼したが、高校生の男子に偏りがみられ、施設で暮らす障害児の意見としての代表性に欠けている。最後に、研究者や調査協力員が寸劇を演じたことによって、その後のインタビューで訪問アドボカシーに対する肯定的な評価を助長させてしまったことが挙げられる。

　このように、障害児の思いを聴き取る方法には、改良の余地が多く残されていることが確認された。このことは、子どもの意見表明権に関する研究の俎上から障害児を排除しないためにも検討を重ねることが要請される課題である。

2　訪問アドボカシー導入のニーズ
（1）社会資源へのアクセスにかかわる障壁の軽減

　障害児施設で暮らす子どもは権利擁護にかかわる社会資源を利用するにあたって、どのような難しさを感じているだろうか。協力の得られた子どもが暮らす施設にも意見箱は設置されているが、その利用状況については、次のような語りがみられた。

　　「（職員に）言えるねんから意見箱にわざわざ書いてないかなっていう。
　　書くのは面倒っていうのはあるかも」
　　「入れようと思ったこともないですし、入れたこともありません。（中

第9章　障害児施設入所児童にとっての訪問アドボカシー導入のニーズ・懸念・資質

略）職員に言ったら普通に改善もしてくれるし、聴いてくれたりするので、あまり箱は使ってないと思います」
　「使ったことがない。どういうふうに使ったらいいのかわからへんから」

　回答のみられた5人の子ども全員が、上述の語りにみられるように、意見箱を「使ってない」「知らない」という状況であった。また、「面倒」という表現にみられるように、文字を書くことは障害児にとって何らかの支援を要することがうかがえ、意見箱に文書で投函するよりも、口頭で職員に意見を伝えることの方が平易であることが考えられる。
　次に、定期的に訪問する児童相談所のケースワーカーについて尋ねたところ、5人の回答者のうち「相談できる」という者は3人であった。

　「（施設の先生とかにも話せないようなことも、ちゃんと聴いてくれる？）はい」
　「（ケースワーカーさんは話しやすい？）話しやすい」
　「一緒に考えてくれて改善してくれたりとか、そんな感じですね」
　「1年に1回ぐらいしか会わないので、何を話していいのかわからへん。（中略）今年、変わりました。今年のケースワーカーさんがどうなっているのかまだわからない」
　「1年に1回とかじゃなくて、3年に1回とか」

　しかし、回答者のうちの2人は「1年に1回」「3年に1回」という主観的な認識であったことから、訪問による面談の頻度が小さいことが相談しづらい理由として考えられる。
　一方、苦情解決に関わる第三者委員については、回答の得られた3人全員が「知らない」「わからない」という状況であった。第三者委員の役割や連絡先が施設内に掲示されていても、連絡をとるために電話をかける行為や文書を投函する行為に、職員による何らかの支援を必要とする子どもが多い。

このように、障害児施設で暮らす子どもの権利擁護に関わる社会資源が、障害児にとって利用しづらい現状が確認され、障害児がそれらにアクセスすることに障壁があることがうかがえた。また、児童相談所のケースワーカーのように、施設を訪問して個別面談を行うという形態は、社会資源へのアクセスに関わる障壁の軽減に有効であることも示唆された。ここに、施設で暮らす障害児のアドボカシーが、訪問形態を採用することの根拠を見出すことができる。

（2）傾聴―代弁―虐待防止に関わるニーズ
　施設で暮らす障害児はどのようなときに、アドボケイトに話を聴いてほしいと思うのだろうか。訪問アドボカシーの利用意向について尋ねたところ、「（自分自身が）使ってみたい」と回答した者は1人のみであった。逆に「必要としない」と明確に回答した者も1人であった。その理由は「職員が基本的に聴いてくれる」ということであった。
　訪問アドボカシーの明確な利用意向が表出されなかった理由として、協力者は職員に思いを言葉で伝える方法を持っている障害児であったことに加えて、「基本的に聴いてくれる」と感じられる状況があるものと推測される。しかしながら、施設で暮らす子どもの「しんどい」状況を糸口にして、潜在的なニーズが語りから導き出された。それらの関連性を図9−1に示した。

図9−1　障害児施設入所児童からみる訪問アドボカシー導入のニーズ

職員に言えない／聴いてもらえない

「来てくれた方が、ほんまにしんどいときに話を聴いてもらえるかもしれない」
「アドボケイトさんが来たことによって、やっぱ自分も、何ていうのかな、何かしんどい部分を補ってくれるっていうことは、これをこう伝えることによって、やっぱり自分も楽しく施設で暮らせるかな」
「喧嘩やったら、一回（職員に）しゃべっ

たこともあったけど、職員の人も忙しい時やって、『あとにして、あとでその話はして』って言われた」

　これらの語りからは、施設での生活を「しんどい」と感じる場面で、職員とは異なる第三者に〈傾聴〉してほしいというニーズが確認された。第三者が望まれる理由として、職員に対して「言いたくない」という状況があり、それは次の語りからも伺える。

　　「友だちとかにいじめられたりしても、そのいじめた子が『言うなよ』みたいなことを言ったら、（職員に）言いたいねんけど、言ったらまたいじめられるから言いたくないというのもある」

　また、このような状況は、「しょうがない」という無力感を子どもにもたらす反面、「言えないときとかは、言ってほしい」という〈職員への代弁〉のニーズを顕在化させるものであった。

　　「（職員に）自分が言われへんことを、そのアドボケイトの人に言ってもらったら、気持ちよく生活できると思います」
　　「荒れてるときとか。職員に言えないとか（中略）言えないときとかは、言ってほしい……日中、学校帰ってから勉強しているんですけど、眠たくなったら寝ていいやんって思ったりして、（職員に）言いたくなるんですけど、全然言えない」
　　「（職員に対して）しゃべりにくい子や、あまり言いたくない子にはあったらいい。僕もたまにそういうときがあったりするから、僕もちょっとあったほうがいいと思う」

　アドボケイトへのさらなる役割期待として、虐待から子どもを守ることについて、次のような語りがみられた。

「(この施設では) そんなことないねんけど、1人の職員が虐待したら、みんなやっているから歯止めがかからない (中略)。誰が歯止めをかけんの。で、(外部からアドボケイトのような人を) 呼んできたらいいんちゃうんかなぁ」

　「アドボケイトが来ることによって、『作業所でずっと体罰受けてるんです』とか言うたら、それは対応してくれるんちゃうかなって。そこで直るんちゃうかとか」

　このように、虐待を防止することや、〈虐待からの救済〉を要望するニーズも示された。保護者によるアドボカシーを受けることが困難であって、既存の権利擁護制度を十分に活用することが難しい現状の中で、権利侵害の防止や救済の機能として、アドボケイトが必要とされていることが、子どもの語りから確認された。

3　訪問アドボカシー導入への懸念とアドボケイトに求められる資質

　障害児施設で暮らす子どもは、定期的に施設を訪問するアドボケイトによって思いが聴かれることについて、どのような不安を抱いているだろうか。また、どのような人に思いが聴かれることを望んでいるだろうか。子どもへのインタビューから抽出された懸念やアドボケイトの資質の全体像は図9－2のとおりであり、それらがどのように関連しているかを検討して図示した。

(1) 訪問アドボカシー導入への懸念

　障害児施設で暮らす子どもの多くは、おとなに信頼感を寄せることを難しくする深刻な経験を有している。自らの意思とは異なるところで、施設で暮らしている子どもの場合、施設での暮らしはおとなへの不信感を募らせていく過程として認識されるのだろうか。それとも、おとなとの関係を修復する過程として経験されているであろうか。障害児の置かれているそのような複

図9-2 障害児施設入所児童による訪問アドボカシー導入への懸念・アドボケイトに求められる資質

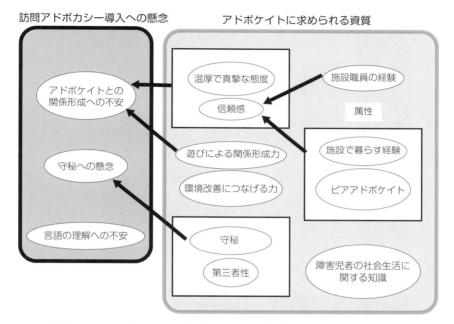

雑な環境をふまえると、〈アドボケイトとの関係形成の不安〉として次のように語られることは自然である。

「(初めて来たアドボケイトには)どうしても話されへんわけやから、話そうにも話されへんっていう人が出てくるから」
「おとなはある意味、信用しづらいというか。おとなはみんな一緒かな」

このように、訪問アドボカシー導入への懸念については、〈アドボケイトとの関係形成の不安〉として、「話しにくい」や「信用しづらい」という思いが語られ、どうしても話せない子どもの場合は、場面に応じて、関係づくりのサポートを職員から得たいという希望も語られた。
また、子どもが話した内容をアドボケイトが他言するのではないかという〈守秘への懸念〉については、次のように語られた。

> 「(ある職員に別の職員のことを話した場合) やっぱり (別の) 職員に言うわけよ。そのあと、(別の) 職員の態度的にもちょっと心配だなっていうのは。(別の職員の) 態度が急に変わってくるとか、やたら僕にあたってくるとか」
>
> 「(他の子どもの話を聴いているアドボケイトには) 話しにくい。(その人が誰にも言わないと言っても) 話しにくい」

　子どもによって守秘への懸念が語られたことによって、アドボケイトの実践原則である守秘の重要性が確認される。そのことは、次に述べるアドボケイトに求められる資質でも子どもから重ねて指摘された。

(2) アドボケイトに求められる資質
①守秘と第三者性
　インタビューの前に上演した朗読劇では、「アドボケイトは子どもの味方です」「子どもの立場に立ちます」「秘密は守ります」などの説明によって、アドボケイトと職員が異なる立場にあることについて子どもの理解を促した。それを受けて、次のような語りがみられた。

> 「(秘密を) 大事にしてくれる人。話を人に (他言しないで)、関係者と自分だけの話 (を聴いてくれる人)」
>
> 「一番嫌なんは、最初は信じ込ませて、裏切ったりとか。秘密だけでなく話でも、ちょっとしたときに裏切られたら傷つく」

　このように〈守秘〉が徹底できる立場として、アドボケイトの〈第三者性〉の重要性が子どもの語りからも示された。

> 「職員にはなかなか話しづらい。(職員の場合は) 話しても聴いてへん

やんっていう見方もあるわけ。話しても無駄やんていう。それやったらアドボケイトに来てもらったほうが。だから、それはアドボケイトに来てもらうべきやと思う」

「顔見知りのほうがしゃべりにくいかな。顔見知りの人のほうがしゃべりにくい」

②信頼関係がつくりやすい人

　柔和な外見を要望する語りが多くみられ、〈温厚で真摯な態度〉を子どもはアドボケイトに求めていることがうかがえた。

「全部、笑顔とかで答えてくれる人」
「優しくて、ちゃんと話を聞いてくれる。で、顔がいかつくない人」
「見た目優しそうな人は結構話しやすいかなと思います（中略）まじめに話を聞いてくれる人だと話しやすいかなと思います」

　加えて、「自分のことのように思ってくれる人」「男の人のほうがまだしゃべりやすい」など、アドボケイトに対する〈信頼感〉の重要性が示された。また、アドボケイトに遊びの相手を期待する語りもみられ、〈遊びによる関係形成力〉も求められていた。

　その他に、「（障害者の）進路のことをわかっている」や「施設を第一に考えてる」という語りにみられるように、〈障害児者の社会生活に関する知識〉や〈環境改善につなげる力〉が求められることが示された。

③ピアアドボケイト

　アドボケイトの属性について子どもに尋ねたところ、また、「（障害をもっている人のほうが）それは話しやすい」という語りにみられるように、障害当事者としての経験を活用して思いを聴く〈ピアアドボケイト〉への役割期待が確認された。

「(障害をもっている人のほうが) それは話しやすい。障害のない人やったら、わかってくれるかどうか心配やから」
　「視覚障害者の人がうれしい。僕も視覚障害者やから、一番わかってくれそうやから」

　施設で暮らす視覚障害児へのピアサポートの有効性を検証した植田ら(2015) は、定期的に施設を訪問するピアサポートとの面談を重ねてきた5人の障害児の意見を紹介している。「もっといろんなことを一人でチャレンジしてみたいと思うようになった」「自分と同じ立場での可能性がもっと大きなものだということに気づいた」「自分の障害を前向きにとらえられるようになった」というものである。そして、ピアサポーターの役割について「道標(みちしるべ)」という概念を用いて論考し、子どもに変化をもたらすという意義を明らかにしている。このように障害児のエンパワメントを促すという観点から、ピアサポーターとピアアドボケイトの役割特性は大きく重なると考えられる。
　また、「視覚に障害をもっている人のほうがいい」という語りが複数みられたことから、同じ障害種別のアドボケイトが「一番わかってくれそう」という期待が示された。
　さらに、「障害児のことをわかってくれている」「自分の嫌なことはわかってくれそう」という語りにみられるように、〈施設職員の経験〉〈施設で暮らす経験〉という属性についても肯定的な認識がみられた。

4　障害児施設における職員と子どもの認識の差異
　施設で暮らす障害児の語りを引きながら、訪問アドボカシーについて子どもがどのようなニーズを有し、どのような懸念を抱いているのかをみてきた。前章の職員調査の分析結果と比較しながら、職員と子どもの認識の違いに焦点をあてて考察を加える。

訪問アドボカシーに対する職員の中核的なニーズは、子どものエンパワメントや支援の質の向上などであった。養育という観点から職員のニーズが導き出されたのは、子どもの生きる権利や守られる権利の保障に重きを置いて実践している職員の役割認識が影響していると考えられる。一方の子どもは、傾聴や代弁、虐待からの救済をアドボケイトに求めていた。これらはアドボカシーの権利代弁機能に相当するものであって、意見表明権を実質的なものにするために不可欠であるとされる（許斐2000：157）。参加する権利の保障を軸足とするアドボケイトの役割について、インタビューに協力してくれた子どもには十分理解されていたことがうかがえる。

　アドボケイトに求められる守秘義務への懸念については、職員と子どもの間に認識の違いがみられた。アドボケイトに話した内容が他の職員に伝えられることによって、子ども自身に不利益がもたらされることを恐れて、子どもは守秘を求めている。職員の懸念はそれとは異なり、守秘義務には一定の例外規定があることを前提にして、話の内容に応じてアドボケイトからフィードバックされることを要望するものであった。アドボケイトの守秘義務の範囲や、例外時に職員と情報を共有する方法については、今後の試行的実践において事例の蓄積を通して検討されるべき課題の一つである。

　アドボケイトに求められる資質については、施設職員の経験という属性に対して両者の認識の違いがみられた。「障害児のことをわかってくれている」という理由から、職員経験者を希望する子どもの語りがわずかながらみられた。一方の職員は、「なくてもできると思う」「（アドボケイトの）要件には別のもののほうがいい」という語りにみられるように、職員経験者がアドボケイトを担うことには慎重であった。このような違いがみられたのは、子どもが生活のなかで出会うおとなが職員に偏っていることや、熟練の専門職がもつ反省的な思考特性が施設職員の回答傾向に影響をもたらしたと考えられる。

　施設で暮らす障害児へのインタビューから、訪問アドボカシーのニーズと懸念を探索的に明らかにし、職員との認識の違いを検討した。

障害児施設への訪問アドボカシーの導入に向けて、それを利用する障害児本人の意見を聴こうとする本調査の過程は、子どもアドボカシーの理念に通底している。「子どもにとって何がいちばん必要なことかを検討する際に、子どもの声（『声なき声』を含めて）、意見を十分に聴くこと」（中村 2013：123）を試みようとした点においてである。障害児の意見表明権は、あらゆる手段で発信される本人の思いを受けとめようとするおとなや社会との関係の中で位置づけられ、応答的な人間関係をつくる権利として換言されることもある（中村 2013：117）。

　施設で暮らす障害児に出会って、その思いを聴くことは、訪問アドボカシーの試行的実践に代わって続けられていく。

文献

許斐有（2000）「子どもの権利擁護システムの必要性と課題——児童福祉分野での子どもの権利保障実現に向けて－」『社会問題研究』49（2），143-164.

厚生労働省（2017）「平成28年社会福祉施設等調査の概況」
　（www.mhlw.go.jp/toukei/.list/23-22.html）

中村尚子（2013）『障害のある子どものくらしと権利』全国障害者問題研究会出版部

植田辰彦・谷口真大（2015）「視覚障がい児支援の実践における、ピアサポートの有用性——障がい児入所施設における、視覚障がい児に対する当事者目線を重視したアプローチとその実践」『大阪市社会福祉研究』38，63-74.

第Ⅳ部
日本型独立子どもアドボカシーサービス提供モデルの構築

第10章　独立子どもアドボカシーサービス提供体制

　英国における調査と、前章までの子ども・職員調査の結果をふまえて、本章及び次章では訪問アドボカシーの提供体制及び実践方法を構想する。本章では、サービス提供プロセス、アドボケイトの養成、アドボケイトの雇用とスーパービジョンを取り上げる。

1　独立子どもアドボカシーサービスの位置づけとサービス提供体制

　真に子どもの権利を尊重した社会を作るには、国や都道府県レベルでの子どもの権利擁護のための権限ある第三者機関が必要である。北欧の子どもオンブズパーソンやイギリスの子どもコミッショナー、カナダの州子どもアドボケイトなどに代表される子どもの権利擁護のための国内人権機関を設置することが不可欠なのである。

　と同時に、一人ひとりの子どもの参加と意見表明を保障するためのきめ細かなアドボカシーサービスが必要である。とりわけ福祉サービスを利用する子どもたちは、親によるアドボカシーを受けることができない状態にあり、福祉サービスの利用に際して権利侵害を受けたり、自らの処遇やサービスに意見（希望・苦情を含む）を表明することに困難を感じた時に、徹底して子どもの立場に立って意見表明を支援し、または代弁してくれる権限ある第三者が必要である。これが独立子どもアドボケイトであり、独立性と権限を持って、子どもの権利に関する監視（モニタリング）を行い、権利侵害があった場合の救済、子どもの参加と意見表明の支援及び代弁を行う専門職である。イギリスのように、国・自治体レベルの子どもの権利擁護機関と、一人ひとりの子どもに寄り添う独立子どもアドボカシーサービスが連携して子どもの

図10−1　独立子どもアドボカシーサービス提供体制

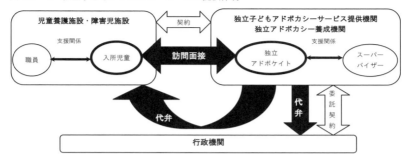

権利擁護を行うことが求められる。

　こうした考えの下に、私たちが想定した施設訪問アドボカシーサービス提供体制を図10−1に示した。子どもアドボカシーサービスは、本来行政が提供する子どもの権利擁護システムの一環であり、財源と権限を公的に確保することが必要である。また同サービスは、意見表明支援に加えて権利侵害に対応するため、施設からの独立性が不可欠である。そのため基礎自治体による市民団体への委託事業として位置づけた。

　サービス利用を希望する施設は、提供機関と利用契約を結ぶ。本サービスの利用状況を第三者評価における評価項目とし、利用している施設が入所児童の権利擁護やサービスの質の向上に積極的に取り組んでいるという社会的評価が得られるようにする。また本サービスは被措置児童等虐待を防止し、施設ケアの質を高めるものであり、虐待認定を受けた施設やサービスの質の向上を求める施設への導入も有効である。

2　サービス提供のプロセス

　児童養護施設及び障害児施設の職員と子どもたちのサービス導入に対するニーズと懸念をふまえて、サービス提供プロセスを次頁の図10−2に示した。施設からの利用申し込み、契約、実施、終了、報告というプロセスで構成されている。

図10－2　訪問アドボカシー提供プロセス

(1) 準備段階

　子どもや職員の懸念で共通していた「アドボケイトとの関係構築の懸念」や「アドボケイトの原則（子ども中心、守秘）への懸念」に対処するために、利用申し込みのあった施設には準備期間を設け、互いが知り合い、納得してサービスを受け入れるための期間を設けた。この準備期間に、派遣機関の管理者及びアドボケイト候補者が施設への事前訪問を行い、施設の環境や生活を認識し、子ども・職員と知り合い、子どもへの権利ワークショップや職員研修などを行う。またこの期間に「アドボカシー子ども委員」の募集も行う。準備期間を定めた目的は以下の3つである。

①子ども・施設職員とアドボケイトが相互の理解を深め、安心できる関係を築く。
②子ども・施設職員とアドボケイトが一緒に権利ワークショップ等を行うことにより、意見表明権を中心とした子どもの権利、障害児の権利についての意識を啓発し、その重要性を共有する。
③最善のアドボカシー方法について子ども・施設職員と協議し、実践方法を検討する。

(2) 契約

資料 10 − 1

施設訪問アドボカシー利用契約書（モデル）

障害児入所施設○○を甲とし、NPO法人△△を乙として、乙の提供する施設訪問アドボカシーを、以下の内容・条件により甲が利用することに、甲及び乙は合意する。

第1条（目的）
1　甲は、本契約に基づいて乙が提供する施設訪問アドボカシーを利用することによって、甲の提供する福祉サービスの利用者（以下、単に「利用者」という）の意見表明権（国連子どもの権利条約12条）が保障され、そのことを通じて利用者の人権の確保及び甲自らの福祉サービスの質の向上を目指すものとする。なお、本契約において「アドボカシー」とは、原則として利用者の指示又は許可のもとに、利用者の意見（苦情や希望を含む、以下同じ）表明を支援しあるいは代弁することによって、利用者の人権・権利の確保を目指す活動を意味するものとする。
2　乙は、甲との利用契約により、第2条所定の施設訪問アドボカシー活動を行う。
3　甲及び乙は、利用者が地域で通常の自立した生活を営むことを実現させるために、具体的なプログラムと必要な環境等を考え提言し整備するよう努力することを念頭において、福祉サービスの提供及びアドボカシー活動を行う。

第2条（施設訪問アドボカシー活動）
乙は、利用者を対象に権利に関する啓発、傾聴、意見形成支援、意見表明支援・代弁（申入を含む）、参加促進活動を行う。

第3条（施設訪問アドボカシー活動の指針） 乙は、以下の5つの指針に従ってアドボカシー活動を行う。甲はそれを支持する。
1　アドボケイトは独立性を堅持し、利用者のために活動する。
2　アドボカシーは利用者の意見と願いによって導かれる。
3　アドボカシーは利用者の権利とニーズを擁護し、エンパワメントを支援する。
4　アドボカシーは年齢、性別、障害、性的指向、人種、文化、宗教、言語等による一切の差別の解消を目指す。
5　アドボカシーは高いレベルの守秘義務を持ち、その方針と運用方法を利用者及び関係者に伝える。

第4条（権利に関する啓発）
1　乙は、関係法令に基づいて利用者の権利についての情報を利用者に提供する。
2　乙は、利用者を対象とする権利ワークショップを開催し、権利に関する啓発を行う。

第5条（傾聴・意見形成支援活動）
乙は原則として月4回2時間、乙に属するアドボケイトを訪問させ、利用者の求めに応じて傾聴・意見形成支援活動を行う。すべての利用者はアドボケイトに個人的に相談する権利があり、利用者または他者の心身に重大な危害が及ぶ恐れがある場合を除き、相談内容は守秘される。

第6条（意見表明支援・代弁活動）
1　乙は、利用者の許可または指示のもとに、利用者の意見表明支援及び代弁活動を行う。
2　乙は、甲に対し、利用者の人権の確保のために、利用者の求めに応じて、口頭または文書により申入を行うことができる。
3　利用者が言葉により指示をすることが困難な場合及び利用者または他者の心身に危害が及ぶ恐れがある場合には、乙は独自の判断により、利用者の代弁または申入を行うことができる。
4　利用者が関係機関への意見表明（苦情申し立てを含む）を行うことを希望する場合には、乙は必要な手続きを取る。

第7条（参加促進活動）
乙は、施設生活及びアドボカシー活動への利用者の参加を促進するために、アドボカシー子ども委員活動、施設の規則決定時及び自立支援計画策定時の子ども自身の参加の促進、その他の活動を行う。

第8条（アドボカシー推進員）
甲は、施設内でアドボカシー推進員を選任する。アドボカシー推進員は、アドボケイトの存在と活動について利用者並びに甲の職員等に紹介し認識を促すとともに、アドボカシー活動の推進に必要なその他の協力を行うものとする。

第9条（甲の責務）
1　甲は、アドボケイトの存在と活動について利用者並びに甲の職員等に紹介し十分に認識させることとする。また希望する場合には、すべての利用者が、アドボケイトに相談できるようにする。
2　甲は、利用者からの意見表明または乙による代弁（申入を含む）を受けた場合には、速やかに（原則として1週間以内に、困難な場合には遅くとも1か月以内に）、何らかの誠実な対応を行なったうえで、それを当該利用者及びアドボケイトに対して報告するものとする。
3　利用者が関係機関への意見表明（苦情申し立てを含む）を行うことを希望する場合には、乙が必要な手続きを取ることを甲は了承する。

第10条（乙の責務）
1　乙は、施設訪問アドボカシー活動を通して得た個人情報を、利用者または他者の心身に重大な危害が及ぶ恐れがある場合を除き、乙に所属するアドボケイト、スーパーバイザー、管理者（担当理事等）以外には開示又は漏洩しない。
2　乙は、人格が高潔で子どもの権利に関する認識を有し、子どもアドボカシーに関する十分な知識と技術を有するアドボケイトを派遣する。
3　乙に所属するアドボケイト、スーパーバイザー、管理者（担当理事等）が利用者や関係者から情報を得る場合、アドボカシー活動推進のために必要な範囲にとどめ、その秘密を保持することを保障する。秘密の保持は、業務を退いた後も同様とする。
4　乙に所属するスーパーバイザーまたは管理者（担当理事等）は、各アドボケイトに対して、原則として毎月1回、個別又はグループスーパービジョンを行うものとする。
5　乙に所属するアドボケイト、スーパーバイザー、管理者（担当理事等）は、必要に応じて独立アドボカシー委員会を開催し、利用者の人権の確保とアドボカシーの実現のための、情報の整理・交換・集約や具体的な対応活動に関する協議等を行うものとする。

第11条（年次報告書及び検討会）
1　乙は年度ごとに施設訪問アドボカシーの活動状況に関する年次報告書を作成、公表する。
2　乙は、施設訪問アドボカシーの活動状況に関する年次検討会を開催する。
3　甲及び乙は、アドボカシー活動の状況を踏まえて、利用者の人権の確保及び甲が提供する福祉サービスの質の向上のために、また施設訪問アドボカシー活動の評価と改善のために、システム検討会を開催する。

第12条（社会への提言活動）
乙は、施設訪問アドボカシー活動の状況をふまえて、社会的な制度改善に向けた提言等の活動を行う。

第13条（利用料金）
乙の提供する施設訪問アドボカシーの財源は、◇◇県との子どもアドボカシーセンター事業委託契約に基づく助成金によるものとし、甲の利用料金の負担は発生しない。

第14条（期間・更新・解約）
1　本契約の期間は、契約が締結された当年4月から翌年3月までの1年間とする。
2　本契約は、甲乙いずれかが契約期間満了の3か月前までに異議を述べない限り、同内容により自動的に更新されるものとする。
3　甲又は乙は、利用者の人権の確保とアドボカシーの実現のために明らかな不都合を生じた場合を除き、本契約を契約期間中に解約することはできない。

第15条（協議）

甲及び乙は、本契約書に定めのない事項については、相互間において随時協議して定めるものとする。
本契約締結の証として、本書２通を作成し、甲乙それぞれ各１通を保管する。

　　　　　　　　　　　　　　　　　　　　　　　　　年　　　　月　　　　日

甲

　　　　　　　　　　　　　　　　　　　　　　　　　　　　　　　　　　印

乙

　　　　　　　　　　　　　　　　　　　　　　　　　　　　　　　　　　印

　準備期間における事前協議を踏まえて、児童福祉施設と独立子どもアドボカシー提供団体との間で、「施設訪問アドボカシー利用契約書」（資料10－1参照）を締結する。契約を結ぶ意味は以下のとおりである。

①訪問アドボカシーの意味と業務内容、守秘義務の運用、受入施設・派遣団体の責務を含む契約を締結することにより、アドボカシー活動の枠組みを形成する。
②アドボケイトの訪問が、個人的な関係ではなく、受入施設も派遣団体も社会的責任を負うことを明確化する。そのため、契約の中では受入施設・派遣団体双方の責務を明確化している。
③アドボカシーの指針、価値と倫理についての認識を受入施設・派遣団体が共有する。
④おとなたちの姿勢を示し、アドボケイトを利用する子どもたちに安心してもらう。
⑤行政や地域社会など子どもを取り囲む関係機関への周知を促し、施設のみならず重層的な関係の中で子どもの思いが聴かれる体制を作る。
⑥関係機関、行政、社会から、受入施設及び派遣団体が不当なバッシング

を受けないようにする。

「施設訪問アドボカシー利用契約書」に含まれる主な内容は以下のようなものである。

　第1条（目的）、第2条（施設訪問アドボカシー活動）、第3条（施設訪問アドボカシー活動の指針）、第4条（権利に関する啓発）、第5条（傾聴・意見形成支援活動）、第6条（意見表明支援・代弁活動）、第7条（参加促進活動）、第8条（アドボカシー推進員）、第9条（甲［受入施設］の責務）、第10条（乙［提供団体］の責務）、第11条（年次報告書及び検討会）、第12条（社会への提言活動）、第13条（利用料金）、第14条（期間・更新・解約）、第15条（協議）

（3）活動宣言
　訪問アドボカシー活動宣言は、契約を交わした両者で、施設の子どもたちや施設を取り巻く関係機関、社会に向かって宣言するものである。
　先行事例である湘南ふくしネットワークオンブズマン（年不明）は、以下のような活動宣言を公表している。これは施設訪問アドボカシー活動宣言を作成するにあたって参考になるものである。

1）私たちは、「権利」を「その人らしく生きるために欠かせないもの」ととらえ、これを守り、かつ実現するために活動します。
2）私たちは、「権利」を奪うこと、特に、体罰、虐待、拘束などを絶対に許しません。
3）私たちは、その人自身が決めたこと、考えたこと、訴えたことを尊重し、秘密を守り、最善の利益のために活動します。
4）私たちは、障害者・高齢者・児童一人ひとりが市民として地域社会でもともに暮らせるよう、社会の変革に努めます。
5）私たちは、利用者の人たち、まわりにいる人たち、地域のあらゆる人

たちと協力し、ノーマライゼーション社会の実現をめざします。

活動宣言を受入施設と派遣団体が共同で行う目的は以下のとおりである。

①共同で宣言することで、おとなたちの姿勢を示し、アドボケイトを利用する子どもたちに安心してもらう。
②共同で宣言をすることで、行政や地域社会など子どもを取り囲む関係機関への周知を促し、施設のみならず重層的な関係の中で子どもの思いが聴かれる体制を作る。
③共同で宣言をすることで、関係機関、行政、社会から、受入施設及び派遣団体が不当なバッシングを受けないようにする。

（4）実施・終了・報告

契約締結後は、アドボカシーサービスの実施段階となる。派遣団体のスーパービジョンの下に行う子どもの相談活動、意見表明支援・代弁活動が核となる。施設職員の中から選任されたアドボカシー推進員が、アドボケイトとの連絡調整や、アドボカシー活動について利用者及び職員等に紹介し認識を促す等、アドボカシー活動の実施のための協力を行う。また学期に一度程度、児童福祉施設管理者・推進員、アドボカシー提供団体管理者・アドボケイト、有識者からなるシステム検討会を開催し、利用者の人権の保障及び福祉サービスの質の向上のための施設運営や援助方法の改善策を協議する。あわせて施設訪問アドボカシー活動の評価と改善を行う。

アドボカシー活動は4月から3月までの1年ごとの契約にもとづいて行われ、利用者の人権の確保とアドボカシーの実現のために明らかな不都合を生じた場合を除き、児童福祉施設及びアドボカシー提供団体が契約期間中に解約することはできない。また双方から解約の申し出がない場合、契約は自動的に更新される。

3月に1年間の活動を総括する年次報告会を開催するとともに、年次報告

書を作成・公表する。また、それをふまえて行政への政策提言を行ったり、社会に働きかけるシステムアドボカシーを実施する。

3 アドボケイトの養成
（1）アドボケイト養成の基本的な考え方

英国にはシティアンドギルド（City & Guild）という団体の職業資格として子どもアドボケイト資格がある。この資格を取得するには、135時間に及ぶ講座と実習を受け、試験に合格する必要がある。ウェールズ議会政府はこれを公認している。すなわち、アドボケイトとして業務を行うためには、原則としてこの資格が求められているのである（栄留 2011）。

イングランドにおいては、政府公認ではないが、全国青年アドボカシーサービス（NYAS）など大手の団体がこの資格を取得できる講座を開催しており、資格取得が行われている。しかし政府公認ではないので、アドボケイト養成の責任は各団体に委ねられている。

このようなアドボケイト養成の基準となっているのが、イギリス保健省（DoH 2002）の「子どもアドボカシーサービス提供のための全国基準」である。英国ではこの最低基準の基づいて、それを満たす資質を持つアドボケイトを養成することを目指して、職業資格を創設したり各団体独自の養成プログラムを開発しているのである。

アドボケイトは過去に子どもに関わる仕事を経験しており、かつ研修を1日から3日受講した者が望ましいとされている（Ashleyら 2006：46）。そのための研修としてNYASは定員20名で2日間（10時〜16時）の集中講座を開催している。講座の内容は以下のようなものである（NYAS 2016）。

・アドボカシーとは何か
・アドボカシーの役割とプロセス
・アドボカシーの3つの原則——子ども主導、独立性、守秘
・子どもの権利

・アドボカシーの倫理と原理
・実践上の課題とジレンマ

　こうしたイギリスの状況を参照するならば、日本においても厚生労働省がアドボカシーの価値と倫理、業務、守秘義務等に関する最低基準を作成し、子どもの権利に関する民間団体がそれを満たす養成方法を開発することが望ましい。そのために、アドボケイトとして最低限必要な知識とスキルを標準化しておくことが必要である。以下に示す内容を含んだ養成研修を終えた者から各団体が候補者を選考し、さらにOJT（職場内訓練）を通して資質の向上を図ることが必要である。

（2）アドボケイトに必要とされる資質

　アドボケイトに必要とされる資質をまとめたものが次頁の**表10－1**である。ここでは、児童養護施設及び障害児施設への訪問アドボケイトを想定して、Aには児童養護施設・障害児施設に共通する資質を示している。Bは児童養護施設、Cは障害児施設に必要とされる資質である。児童自立支援施設、情緒障害児短期治療施設等にアドボケイトを派遣する場合には、これらの施設でのアドボカシー活動に必要な資質を整理して、後に述べる専門ユニットを開発することが求められる。

　Aの基礎的資質のうち、3はアドボカシーの基盤となる子どもの権利についての理解である。そしてそうした土台の上に立って、1はアドボカシーの意味、2はアドボカシーの技術としている。

　児童養護施設職員からは、子どもとの関係構築についての懸念及び「処遇方針や施設の運営方針と子どもの要求の対立」に関する懸念が出されていた。これらを払拭するためには、社会的養護児童・被虐待児の心理及び施設の役割等の理解が必要である。それらがBの児童養護についての専門的資質に関する項目である。

　最後にCとして障害児施設でのアドボカシーを行うためにさらに必要とな

表10−1　訪問アドボケイトに必要とされる資質

A　基礎的資質
1　アドボカシーについての理解
①理念（倫理を含む）／②定義／③役割／④発展／⑤種類
2　アドボカシーの技術
①子どもとのコミュニケーションと信頼関係構築の技術／②傾聴の技術／③意見形成支援の技術／④意見表明支援の技術／⑤代弁・仲介の技術／⑥職員との関係形成の技術／⑦ジレンマへの対処技術／⑧終結の技術／⑨個人情報保護の技術／⑩危機的状況への対処の技術
3　子どもの権利についての理解
①子どもの権利条約等の国際法／②児童福祉法・児童虐待防止法等の国内法／③セクシャルライツ
B　児童養護についての専門的資質
1　児童福祉制度と児童養護施設についての理解
①児童福祉制度と児童相談所の役割／②児童福祉施設の役割／③施設養護の理解／④児童養護施設における権利擁護と苦情解決
2　社会的養護児童の理解とコミュニケーション
①　社会的養護児童についての理解／②被虐待児についての理解／③障害についての理解
3　児童養護施設におけるアドボカシーの技術
①意見形成・意見表明・代弁の技術　②ジレンマへの対処の技術
C　障害児についての専門的な資質
1　障害の意味と障害児の権利についての理解
障害者権利条約・障害者基本法・障害者差別解消法・障害者虐待防止法等の理解
2　障害児福祉と障害児施設についての理解
①児童福祉制度と児童相談所の役割／②障害児施設の役割／③社会的養護の理解
3障害児の理解とコミュニケーション
①障害児の理解／②障害児とのコミュニケーション技術
4　障害児施設におけるアドボカシーの技術
①意見形成・意見表明・代弁の技術／②非指示的アドボカシーの技術／③ジレンマへの対処の技術

る資質を示す。児童養護施設においても障害のある子どもが生活しているために、障害児についての基礎的な理解は必要である。しかし障害児施設職員からは、障害児との生活経験が乏しいアドボケイトが障害児とコミュニケーションが取れるのかという懸念が示されていた。また言葉で指示をすることができない障害児へのアドボカシー（非指示的アドボカシー）には独自の技術が必要である。

（3）アドボケイト養成の内容と方法

　前述のNYASは、12時間程度の入門的な集中講座と135時間にわたる専門的な講座を開催している。また現在日本で行われている障害者のピアカウンセリング講座は、2泊3日の集中講座と40時間程度の長期講座が中心となっている。せたがやチャイルドラインが開催している受け手の養成講座は、23時間程度の公開講座と30時間程度の養成講座で構成されている（せたがやチャイルドライン 2015）。

　こうしたものを参照するなら、日本においては子どもアドボカシーの基礎を修得する集中講座（共通ユニット）とさらに実際の施設への訪問を想定して専門的に学ぶための専門講座（専門ユニットA・B）を組み合わせて講座を構成することが適当であると考える。各ユニットの講座モデルを次頁の**表10－2**に示した。

　児童養護施設でも障害をもつ子どもが増えている。また福祉型障害児施設においても58.0％が虐待等による措置入所であり（本書第8章2（1）参照）、言語で指示をできる子どもの場合には児童養護施設の子どもたちへのアドボカシーと同様の技術が求められる。したがって、アドボケイトにはすべてのユニットを修得することが望ましいが、少なくとも共通ユニットと専門ユニットAまたはBの修得が必要である。

　講座は20名以内の少人数で行い、事例検討・ロールプレイ等の演習を中心に行う。最終的には、講座のコーディネーターがアセスメントを行い、基準に到達している受講者には修了証を授与する。

表10-2　子どもアドボケイト養成講座カリキュラムモデル

回	内容	時間	資質番号
1	出会いのワーク	1.5	
2	独立子どもアドボカシーとは	1.5	A1②
3	子どもアドボカシーの倫理と原則－エンパワメント・子ども主導・独立性・守秘	3	A1①
4	子どもアドボカシーを必要とする子どもたち	1.5	A1③④⑤
5	子どもの権利条約と子どもの権利	3	A3①
6	子どもの性とジェンダー	1.5	A5③
7	アドボカシーの役割とプロセス	4.5	A2②③④⑦
8	アドボカシーの葛藤とジレンマ	3	A2⑥
9	子どもアドボケイトのめざすもの－講座のまとめ	1.5	

専門ユニットA［児童養護施設］（21時間）

回	内容	時間	資質番号
1	出会いのワーク	1.5	
2	児童福祉法と児童相談所の役割	1.5	B1①
3	児童養護施設の役割と施設養護の理解	3	B1②③
4	施設における権利擁護と苦情解決	1.5	B1④
5	社会的養護児童の心理と支援	4.5	B2①
6	会議・話し合いで子どもが意見を表明する支援	3	B3①
7	さまざまな職種の役割と距離の取り方、ジレンマへの対処	1.5	B3②
8	個人情報の保護と危機的状況への対処	3	B3②
9	児童養護施設訪問アドボカシーの実際	1.5	B3①②

専門ユニットB［障害児施設］（21時間）

回	内容	時間	資質番号
1	出会いのワーク	1.5	
2	障害の意味と障害児の権利の理解	1.5	C1
3	障害児施設の役割と支援	3	C2
4	障害児の理解とコミュニケーション	4.5	C3
5	会議・話し合いで子どもが意見を表明する支援	1.5	C4①
6	非指示的アドボカシーの技術	4.5	C4②
7	ジレンマへの対処	1.5	C4③
8	個人情報の保護と危機的状況への対処	1.5	C4③
9	障害児施設訪問アドボカシーの実際	1.5	C4①②③

4 アドボケイトの雇用

(1) 英国の状況

栄留（2011：171-172）によれば、英国でのアドボケイトの雇用の状況は以下のようなものである。

> 全国青年アドボカシーサービスはアドボケイト400名が働いている。専門に応じてアドボケイトの名称も様々である。さらに、弁護士（solicitors）が本部に6名、ロンドンに5名雇われている（Besselら，interview）。
>
> ボイスは10名の常勤職員と80名の非常勤のアドボケイトで活動している。常勤職員は弁護士1名を含む専門アドボケイトで、少年非行、精神障害、難民、障害児、16歳以上のケアリバーの子ども達等の担当、または非常勤アドボケイトのスーパーバイザーである。(中略)
>
> ウィルトシャー州のバーナードは1名のハーフタイムワーカーと約12名のセッショナルワーカーがいる。

このようにアドボケイトの雇用の状況は、団体やサービスの規模によって異なっている。各地方自治体がチャリティー団体にサービスを委託することが主であるが、自治体の規模や施策によって委託されるサービスの金額や事業内容等は多様である。それらは自治体と受託したチャリティー団体の間で交わされる「サービス水準契約」（Service Level Agreement）に記載されている。

業務独占資格である「独立精神保健アドボケイト」（IMCA）に関しては以下のような報告がある（荒木他2015：21）。

> （IMCAの資格取得のための——引用者注）研修は筆記のアセスメントと実地研修で構成される。資格がない見習いの状態で実地研修ができるのは、有資格者の下でサポートを受けながら研修を行うのが通常だからである。したがって、実地研修を受けるためにはIMCAを提供するサービス事業所に雇用されている必要がある。一方、IMCAになりたくても，そうし

た事業所に雇用されていない人にとっては、資格取得は困難な道のりである。

「独立子どもアドボケイト」の資格は、ウェールズでは法定化されているが、イングランドでは法定化されていない。英国では2002年に同サービスが制度化されてから長い年月を経ている。したがって、ウェールズはもとより、イングランドにおいても、上記と同様、サービス提供事業所に雇用されている人が研修を受け、「見習い」の状態を経て業務に従事していると考えられる。

アドボケイトの業務を行うためには、資格／資質があることの他に、DBS (Disclosure and Barring Service、過去の犯罪歴のチェック)の審査をパスすること、サービス提供団体等から独立した立場で動ける人であることが必要である。

(2) 日本における雇用モデル

日本においては、子ども支援の事業所（NPO法人、社団法人、社会福祉法人等）にすでに雇用されているスタッフで子ども支援の経験のある者のなかから候補者を選考し、研修受講後、適性を審査して業務に従事することが考えられる。本来ならば経験者の下で「見習いの状態で実地研修」を受けることが望ましいが、サービス創設期には経験者は存在しない。したがって、アドボケイトとしての資質（安定したパーソナリティ、人権感覚、子どもとの関係形成能力、コミュニケーション技術と状況認知力、社会的養護／障害と施設の知識）を見極めて候補者を選考することが重要である。さらに、養成講座修了後の適性の審査も重要になる。なおアドボケイト候補者の経験等により講座一部を免除することができる。

雇用形態、待遇、職名はサービスの規模や内容によって異なる。英国では「上級アドボケイト (Senior Advocate)」、「アドボカシー管理者 (Advocacy Manager)」と呼ばれるスーパーバイザーの下に、常勤・非常勤のアドボケイトが組織されるのが一般的である。日本でも、常勤の「主任アドボケイト(スー

パーバイザー）」の下に、サービスの規模に応じて複数の常勤・非常勤のアドボケイトが雇用されることが適当である。ただし、サービス創設期にはパートタイムもしくは兼務の主任アドボケイトの配置から出発することも考えられる。

5 アドボケイトのスーパービジョン
（1）英国の状況

栄留（2011：172-173）によれば、英国でのアドボケイトのスーパービジョンの状況は以下のようなものである。

　ボイスアドボケイトは、個別のスーパービジョンを月に1回受けなければならない。アドボケイトは最大15ケースまでもつ。そのケースの中で何か問題を抱えていたら相談しアドバイスをもらう。
　若者は痛ましい話、例えば身体的かつ精神的な虐待について時々話すことがある。アドボケイトが精神的に辛くなった場合には、ボイスで雇われているカウンセラーからグループカウンセリングを受けることができる（Charters, interview）。
全国青年アドボカシーサービスでは、セッショナルアドボケイトがどのような活動をしたかをパソコンに日常的に記録し、それを上級アドボケイトが確認する。月1回、上級アドボケイトとセッショナルアドボケイトが「最善の実践会議」（Best Practice Meeting）で1対1のスーパービジョンを行っている。またセッショナルアドボケイトは孤独な活動であるため、経験を共有できる仲間7〜8名でピアスーパービジョンを行うという工夫をしている（Besselら, interview）。

多くの団体では月に1回の管理者との個別スーパービジョンが行われている。またグループでのピアスーパービジョンも活用されている。さらにカウンセラーやアドバイザーによる支援も行われている。

（2）日本におけるスーパービジョンモデル

　スーパービジョンには一般的に、管理的機能、教育的機能、支持的機能があるとされている。孤独や葛藤等のジレンマに直面するアドボケイトにとって、支持的スーパービジョンは重要である。またアドボカシーの質の管理、リスク評価や危機介入、守秘義務の解除と関係機関への通告など、組織として責任ある判断を求められるため、管理的スーパービジョンも重要である。さらに日本には存在しない専門職としてのアドボケイトを育成するという点から、教育的スーパービジョンも重要である。とりわけサービス創設期はアドボケイトしての業務や支援方法を開発していく時期であり、試行錯誤を余儀なくされる。そのためスーパービジョンがとりわけ重要である。

　英国の状況を参考にすれば、日本においても、アドボケイトは訪問及びアドボカシーの状況に関して毎回記録し、それを主任アドボケイトが確認することを前提にして、月1回主任アドボケイトによる個別スーパービジョンを行うことが必要である。またアドボケイトの求めに応じて、または主任アドボケイトが必要性を感じたときに、随時スーパービジョンを行える体制が必要である。また2～6人程度のグループによるピアスーパービジョンを活用することも有効であろう。さらに事業所内のあるいは外部の専門家からの助言を、必要な場合に受けることができるようにすることも求められる。

　なお、アドボケイトが1名の場合には、雇用されている団体の役員等でスーパービジョンの能力を有するものが月1回個別スーパービジョンを行うことが必要である。主任アドボケイトに対しても事業所による組織的な管理と支援が必要である。

　なお「施設訪問アドボカシー利用契約書（モデル）」(185頁) 第10条5に「乙に所属するアドボケイト、スーパーバイザー、管理者（担当理事等）は、必要に応じて独立アドボカシー委員会を開催し、利用者の人権の確保とアドボカシーの実現のための、情報の整理・交換・集約や具体的な対応活動に関する協議等を行うものとする」とある。個別スーパービジョン、グループスー

パービジョンを基盤としつつ、施設への改善申入や虐待通告など組織的対応が求められる場合には、「独立アドボカシー委員会」を介して、組織的な協議・決定のうえ、対応活動を行うことになる。

文献

- 荒木晋之介他（2015）「イギリス MCA 視察報告書（2015.4.19 〜 26）」『日本弁護士連合会第58回人権擁護大会シンポジウム第2分科会基調報告書』
- Ashley, C. Holton, L. Horan, H. and Wiffin ,J. (2006) *The Family Group Conference Toolkit - a practical guide for setting up and running an FGC service* , FRG ,DfES and the WAG.
- 栄留里美（2011）「子どもアドボケイトの養成と提供」堀正嗣編著『イギリスの子どもアドボカシー』明石書店，163-181.
- DoH（Department of Health）（2002）*National Standards for the Provision of Children's Advocacy Services*. London: Department of Health Publications.（=2009,堀正嗣訳「子どもアドボカシーサービス提供のための全国基準」堀正嗣・栄留里美『子どもソーシャルワークとアドボカシー実践』明石書店 ,165-192）．
- NYAS(2016)Accredited Advocacy Training
  (https://www.nyas.net/training/accredited-advocacy-training,2016.3.4)
- せたがやチャイルドライン（2015）「〝聴く力〟を育てる講座――子どもの気持ち、届いていますか？」(http://blog.canpan.info/setagaya-cl/img/2015E585ACE9968BE8AC9BE5BAA7E38381E383A9E382B7.pdf,2016.3.4)
- 湘南ふくしネットワークオンブズマン（年不明）「湘南ふくしネットワークオンブズマン活動宣言」(http://www.npo-snet.com/sengen/sengen.htm,2017/06/01)

第11章 アドボカシーの実践方法

　本章においては、訪問アドボカシーの実践方法を構想する。まずアドボカシー実践の全体像を明らかにした後に、①信頼関係の構築、②権利に関する啓発、③傾聴、④個別アドボカシー、⑤権利侵害への対応、⑥制度改善、⑦子ども参加の促進の7つの実践方法を提示する。

1　アドボカシー実践の全体像
(1) 施設訪問の方法

　アドボケイトの訪問頻度について、児童養護施設の子どもたちからは「毎日来てほしい」という語りもあった。英国では、障害児施設は週1回、児童養護施設は2週に1回、1人の担当アドボケイトが訪問するのが一般的である。調査結果と英国の取り組みを参照すると、次のような訪問方法が効果的であり、かつ現実的であると考えられる。

　児童養護施設でのインタビュー調査において、子どもからも職員からも施設の小規模化に伴うストレス・閉塞感が語られている。そこで、ファミリーホーム、地域小規模施設、小舎制の1棟に対して、1人の担当アドボケイトが週1回定期訪問し2時間程度滞在する。中舎制・大舎制の場合には、施設全体を対象に2名以上の担当アドボケイトが週1回定期訪問し2時間程度滞在する。個別アドボカシーが必要となった場合には、定期訪問以外に時間を取ってアドボケイトが子どもと話し合ったり関係機関に働きかけたりする。

　アドボケイトの属性については、「同性がいい」という語りが特に児童養護施設の女子から多くあった。そのため2人以上で訪問する場合には、男女1名以上とするのが望ましい。また施設経験者や障害当事者などのピアアド

ボケイトの派遣が望ましいという声が子どもと職員からあった。この点も考慮する必要がある。

(2) 実践の類型

図11-1に示したように、アドボケイトの行う実践には、①信頼関係の構築、②権利に関する啓発、③子ども参加の促進、④傾聴、⑤個別アドボカシー、⑥権利侵害への対応、⑦制度改善の7つがある。

①については、職員調査・子ども調査ともに、子どもとアドボケイトの関係構築への懸念が語られていた。そのため、事前訪問期間には、遊びやコミュニケーション、権利ワークショップを通して関係構築を図ることに重点を置く。新規のアドボケイトが訪問する場合も同様である。アドボカシー活動開始後も、必要に応じて遊びやコミュニケーションなどによりさらなる関係構築を図る。

②については、権利やニーズを主張するためには、子ども自身が自らの権利について認識していることが前提となる。そのため、権利についての情報提供と権威意識覚醒のためのワークショップを行う。これは既存の権利擁護システムを活性化することにもつながっている。

図11-1 アドボカシー実践の全体像

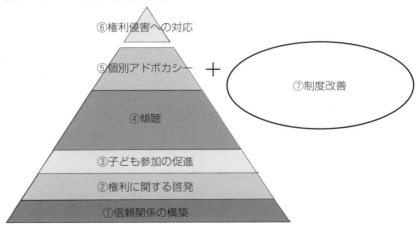

③は、アドボカシー子ども委員活動や施設での規則を決める過程への参加、自らの自立支援計画策定会議への参加などにより、施設の生活への子ども参加を促進する活動である。

　④については、悩みや心配事、苦情がある一人あるいは複数の子どもの声を傾聴する活動である。遊びやコミュニケーションなどの中で、悩み等を聴いてほしい子どもがいた場合に、プライバシーが守られる別室においてこの活動を行う。ただ、自分から相談するのが困難な子どもや、言葉を話さない子どもたちに対しては、アドボケイトの側から積極的に働きかけることが必要である。

　⑤は、何らかの意見表明をしたいと子どもが考えた場合に行われる。アドボケイトの支援を受けることで、他の人に伝えたい事柄について、子どもは意識化したり言葉にしたりできるようになる（意見形成支援）。さらに子どもが自らの意見を職員等に個人的に、または会議の場で伝える場に、アドボケイトも同席して意見表明を支援したり、子どもに代わってアドボケイトが伝える活動である（意見表明支援・代弁）。

　⑥は、いじめや虐待などの権利侵害に関する相談を受けたり、アドボケイトが発見した場合に、解決のために支援する活動である。

　⑦は、アドボカシー活動を通して聴くことができた子どもの声や状況から、施設の環境や支援のあり方を見直し、権利に根差して支援の質を変容・向上させる取り組みである。また、子どもの声を基に、行政や社会に働きかけて子どもの権利を保障する施策や地域社会をつくり出す活動である。

2　権利に関する啓発の実践方法

　権利やニーズを主張するためには、子ども自身が自らの権利について認識していることが不可欠である。しかしながら、施設や学校における権利学習が十分ではなく、子どもの権利条約に規定された子どもの権利や障害者権利条約に規定された障害者の権利などについて子どもたちが認識しているとは言い難い状況がある。また「子どもの権利ノート」や第三者委員、意見箱、

児童福祉司の訪問面接が、施設で生活する子どもたちのための既存の権利擁護システムとして存在するが、子どもたちにとって身近なものではなく、十分に機能していないことがインタビュー調査により示唆された。さらに施設で生活する子どもたちは、虐待や暴力の被害を受けるなかで、権利意識の源泉である自尊感情が低下し、無力感や自己否定感を抱え込んでいることも少なくない。

　外部検討会では協力調査員としてインタビュー調査で障害児と面接した障害当事者から、「抑圧された自己に気づく機会を奪われ、他者からの支援を得ることに専心しなくてはならない生活歴を有しているため、過剰なまでに環境に順応している」という所感が提示された。さらに、外部検討会では、「障害児がおとなになることを具体的にイメージできる学習機会や、自己決定する力を培うために生活経験の幅を拡げる機会が必要である」という指摘がなされた。

　このような状況をふまえるならば、権利に関する情報提供や権利意識覚醒を促すワークショップを通して、子どもの権利についての知識・態度・スキルを子どもたちが高めていける機会を提供することがアドボカシーの土台となる。このことは、既存の権利擁護システムについて子どもたちに情報提供することも含まれている。

　中学・高校生からは、アドボケイトからアドバイスを得たいという意見もあり、施設経験者・障害当事者による体験談などを情報提供できるような場を設けることも考えられる。

　ピアアドボケイトは、子どもたちにとって自分の権利を大切にして将来どのように生きていけばいいのかを示してくれるロールモデルであり、貴重な経験知を伝えてくれる存在である。そもそも社会に起因する権利侵害の現実とそれを変革するための視点や実践、その中での当事者としての生き方については、当事者が主体となって伝えるか、当事者の声に耳を傾けなければ理解することができない。

　そのため、アドボケイトの養成、サービス導入から実践に至る一連の過程

で、児童養護施設経験者や自立生活センターのピアカウンセラー等、障害児者の権利擁護に関わる障害当事者と協働していくことが必要不可欠である。

　権利に関する啓発の目標として、本人にもたらされている差別や不平等が社会構造に起因していることについて、対話やロールプレイを通して子ども本人の気づきを促すことがある。第二に、そのような差別や不平等に対して自分の思いを表現する力を培うとともに、状況が変わる／状況が変わるまでに時間がかかる／状況が変わらないという体験を重ねることで、自己と環境との相互作用を学ぶことがある。第三に、障害児や社会的養護児童であることを理由に生活体験を奪われてきた子どもが、選択する力を培うことがあり、そのためには、生活経験の幅を拡げる機会を学習プログラムに織り込むことが必要となる。障害者の権利に関する啓発については、障害学を基盤とする権利学習プログラム（Faggot 2012）や、障害当事者による障害平等研修（Harris 2003）の援用可能性も視野に入れておきたい。

アドボカシー実践事例11－1：将来の暮らしの選択肢を知りたい

> 　　自分の思いを言葉で表現することが難しいみきさんは、高校卒業後の進路や暮らしについて、「こうしたい」という思いを他者に伝えたことはありません。「わからない」というのが正直なところです。ひまわり苑では、みきさんと同じように自分の将来について、言葉で表現することの難しい子どもが多く生活しています。
> 　　　ある土曜日のことです。ピアアドボケイトの田中さんが「わたしがどのような暮らしをしているかを知りたい人は、レクリエーション室に集まってください」と子どもや職員に呼びかけていました。「みきさんにも知っておいてほしいな」と田中さんに誘われたみきさんは、レクリエーション室に行ってみることにしました。
> 　　田中さんの暮らしが映し出されたスライドを見て、みきさんがもっとも驚いたことは、田中さんが一人暮らしをしていることでした。ひまわり苑を卒業した先輩たちは、隣接する施設やグループホームで暮らして

いるからです。
　田中さんの自宅は車いすで生活できるようになっていて、台所や洗面台も車いすのまま使用できる高さに改修されていました。ヘルパーという人がいて、洗濯や着替えをサポートしていることも知ることができました。ひとりで洗濯や料理をしたことのないみきさんにとっては、「自分にはできない」という気持ちと、「自分も一人暮らしをしてみたいな」という気持ちが同じぐらいあって、そのことを田中さんに伝えてみようと思いました。

3　子ども参加の促進の実践方法

　「施設訪問アドボカシー利用契約書（モデル）」（第10章　資料10－1、187頁）においては、「施設生活及びアドボカシー活動への利用者の参加を促進するために、アドボカシー子ども委員活動、施設の規則決定時及び自立支援計画策定時の子ども自身の参加の促進、その他の活動を行う」（第7条）と規定している。子ども委員活動とは、子どもたちから選出された子ども委員（若干名）と月に一回程度会議を開き、アドボカシー活動の推進方法、施設生活への子ども参加の推進方法等を話し合うものである。アドボケイトの役割と活動について子どもたちに伝える、子どもたちが感じている施設生活の問題点をアドボケイトに伝える、アドボケイトと共にその解決策を考える、アドボケイトの活動について意見を伝え、また相談を受けて助言すること等が子ども委員の役割である。

　第9章で述べられているように、施設の規則決定時及び自立支援計画策定時の子ども自身の参加は極めて重要である。施設の規則を検討し決定する際に、子どもの声が反映されるように、自治会で話し合い利用者の意見をまとめて申し入れることや利用者代表が規則を決定する会議に参加すること等が可能となるようにアドボケイトが支援する。また必要に応じてアドボケイトが同席して、子どもの声が施設職員に届くように支援する。

　自立支援計画策定への子ども参加も同様である。策定会議に子どもが参加

できるように施設職員に働きかける、子ども自身の希望や願いが会議で表明できるように事前の準備を行う、会議に同席して自立支援計画に子どもの希望が反映されるように支援すること等がアドボケイトの役割である。

4　傾聴の実践方法

　障害児施設職員調査では、「聴いてもらって落ち着いて、というところではいいかなとは思うんです」、「聴いてあげる、ゆっくりした時間を取ってあげる、それが精神的に落ち着く、と思いますね。これが一番、施設で欠けてるとこやと思います」という意見があった。また、外部検討会では障害児入所施設の施設長から、「アドボカシーサービスの目標にはいくつかのレベルがあるが、導入時の目標として、子どもと向き合って思いを聴くことによって本人らしさ引き出す、というレベルに照準を合わせることが重要ではないか」という指摘がみられた。このことから、傾聴は施設において十分に満たされていない子どもたちのニーズを満たすことを意味し、そのことを通して「自分を大切にしてくれる信頼できるおとながいる」と感じられることが子どもたちの自尊感情の回復につながっていくものと考えられる。

　さらにさまざまな権利侵害や人との衝突など、置かれた環境の中で傷つき、苦しんでいる子どもたちの場合には、まず彼らの傷ついた心、つらい心を受容することが支援の出発点となる。これは、ジム・オーフォード（Orford J 1992）の言う「表出的アドボカシー」（expressive advocacy）の概念とも重なるものである。表出的アドボカシーとは、「個人的なレベルでのコミットメントや、また友情や愛や温かさや家族や友人や趣味や関心を共有すること」（Orford 1997：346）である。そのことによって、子どもたちは自分の気持ちや願いを表出し、それらを意識化し、整理していくことができるようになる。またアドボケイトへの信頼を築いていく。これがケースアドボカシーの土台である。

アドボカシー実践事例11－2：聴いてほしい

> 　児童養護施設・さくら学園にアドボケイトが訪問するようになってから6か月が経ちました。アドボケイトは、施設経験者の山口さんとNPO職員の佐々木さんです。
> 　入所して3か月の小学4年生のももさんは、安定した生活に安心感を持っている一方で、慣れない施設生活に不満がありました。「ごはんがおいしいし、先生はやさしいし、ここにきてよかった」「でも、家と違ってルールが多くて、なんかしんどい……」とつむきました。
> 　施設経験者の山口さんは「しんどいって感じてるんだ。私もそんなことあったな。どんなことがしんどいって感じてる？」と言いました。ももさんは気持ちをわかってもらってすっきりしました。「職員さんにはちょっと遠慮してしまうことがあるけど、山口さんは外から来る人だし、施設で暮らしていたこともあるから話しやすい」と言いました。

アドボカシー実践事例11－3：同じ経験をもつ人に自分の思いを聴いてほしい

> 　障害児入所施設・ひまわり苑にアドボケイトが訪問するようになって3か月が経ちました。車いすユーザーの田中さんと健常者の佐藤さんが一緒に毎週土曜日に訪ねています。
> 　身体障害と知的障害のある高校生のみきさんは、小学生の頃に乗客からの視線を怖く感じた経験があり、それ以降、電車に乗ることに不安を感じていました。「ひまわり苑まで地下鉄に乗ってきましたが、車内が混んでいてつらかったわ」と、話しかけてきた田中さんに向かって、みきさんは「電車は怖いからいやだ」という思いを身ぶりで伝えようとしました。
> 　過去にどのようなことがあったのかを理解することは難しかったものの、田中さんは「電車がきらい」というみきさんの思いを汲み取りました。「わたしと同じね」と答えると、みきさんは大きくうなずきました。

5　個別アドボカシーの実践方法

「傾聴」だけで子どものニーズが満たされたり、自分で周囲の人々に働きかけ問題を解決できるケースは多いものと思われる。しかし、施設職員等に子どもの気持ちと意見を伝えて回答を求めるケースもある。こうした実践事例については、子どもへのインタビュー調査の際に行った寸劇（第7章　添付資料2、132頁）を参照していただきたい。これは個別アドボカシーのプロセスであり、アドボケイトによる実践の核となる部分である。その場合は、図11−2のようなプロセスとなるものと考えられる。

図11−2　個別アドボカシーのプロセス

意見形成支援は、子どもと一緒に施設職員等に、何をいつどのように伝えるのかを考え、準備する段階である。職員に意見を伝えるために手紙を書いたり、ロールプレイを行ったり、スターチャートを使うなどさまざまな方法が考えられる（堀・子ども情報研究センター編著 2013）。

子どもの意見がまとまってきた段階で、意見表明支援／代弁を行う。意見表明支援は、施設職員等に子どもの意見に耳を傾けてもらえるように仲介をしたり、子どもが意見を伝える場に同席して支援する。

代弁は子どもに代わって気持ちや意見を伝えることを意味するが、口頭と文書の二つの方法がある。「施設訪問アドボカシー利用契約書（モデル）」（第10章　資料1、187頁）においては、「（アドボケイトは）利用者の人権の確保のために、利用者の求めに応じて、口頭または文書により申入を行うことができる」（第6条2）としている。また、施設の責務として、「利用者からの

意見表明（アドボケイトによる代弁を含む）を受けた場合には、速やかに（原則として1週間以内に、困難な場合には遅くとも1か月以内に）、何らかの誠実な対応を行なったうえで、それを当該利用者及びアドボケイトに対して報告するものとする」（第9条2）と定めているのである。

6　守秘義務の取り扱い

インタビュー調査においては、施設職員からは子どもの話したことを知りたいという意見がみられ、子どもからは絶対に誰にも言わないでほしい、本当に言わないのか心配だという意見がみられた。子どもたちに安心して話をしてもらうために、また独立性を保つために、派遣団体以外には子どもの許可なく情報を漏洩または開示しないという守秘義務はアドボケイトにとって必須である。と同時に、職員もその重要性を理解し、大きな不安や緊張を感じないような連携が必要である。

守秘義務の範囲については、綿密な協議が必要である。その際に、英国のアドボカシーサービス提供団体であるボイスの守秘義務について考え方が参考になる。ボイスでは、何らかの方法で意思が確認できる子どもの場合、子どもとサービス利用契約（INITIAL AGREEMENT）を交わす。その利用契約には、次頁の守秘義務（**資料11－1**）に関する合意が含まれている（Voice 2010）。

ボイスが掲げているように、本人または関係者に重大な危害が及ぶとき以外は、アドボカシー派遣団体以外への守秘を行うことが必要である。次節で述べるように、虐待や生命にかかわる場合は、本人に守秘義務解除を通告して、児童相談所に通告することになる。

資料11－1　英国のアドボカシーサービス「Voice」の守秘義務

> 守秘義務
> ・あなたが提供した情報は、厳格な守秘義務を持って取り扱い、あなたの同意なしに他の人に開示しません。
> ・あなたと合意した情報のみを他の専門職や団体と共有します。
> ・あなたの状況について、スーパーバイザーを含むボイスの他のスタッフと話し合う必要があるかもしれません。彼らはすべての情報を厳格な守秘義務を持って取り扱います。
> ・もし、あなた、もしくは、他の人が危害を受ける可能性がある、または危険な状態にいることがあなたの話からわかり、緊急に対応する必要があると判断した場合にはあらゆる行動を取る必要があります。これにはそれまで明らかにならなかった深刻な犯罪の情報も含まれます。
> ・裁判所から命令された場合にも情報を共有する必要があります。
> ・これらの状況では情報開示が必要となるかもしれませんが、まずあなたにこのことを話し、一連の行動について合意できるように常に努力します。

アドボカシー実践事例11－4：ひみつを守ることの説明

> 　ももさんは、アドボケイトの山口さんと最初に話をしたときに、ひみつを守ることについて説明を受けました。山口さんは、アドボケイトの絵が描いてあるパンフレットをみながら次のように言いました。
> 　「ももちゃんと話したことは他の子どもたちや、施設の先生・児童相談所のケースワーカーにも言わないよ。子どもたちが安心して話をしてもらうために、ひみつを守ることがアドボケイトの一番大事な仕事なんだよ。ここに書いてあるね。でも、ももちゃんがケガをしたとか、ケガをさせてしまったとか、今すぐ助けないと命が危ないってことがわかったら、そのときは誰かに知らせて助けないといけない。でも、他の人に

知らせる前に、できる限りももちゃんに相談するね。それ以外は、私はひみつを守るね」

　そのように言われたことで、ももさんは安心して話をすることができました。

7　権利侵害への対応の実践方法

　権利に関するモニタリング、虐待防止もアドボケイトの重要な役割である。職員からの虐待や子ども間のいじめ等、権利侵害に関する相談を受けた場合、あるいはそれらをアドボケイトが発見した場合は、スーパーバイザーとの協議の下、図11－3のとおり、施設職員への働きかけまたは児童相談所への通告を行う。いじめに関しては、次頁の図11－4のとおり、施設や児童相談所に伝えて救済を行うことになる。

図11－3　職員からの虐待等

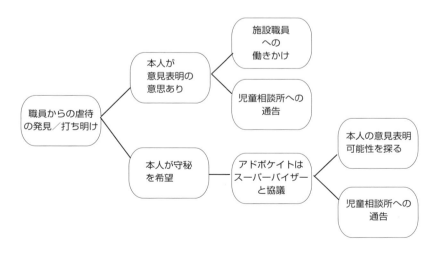

図11－4　入所児童間のいじめ等

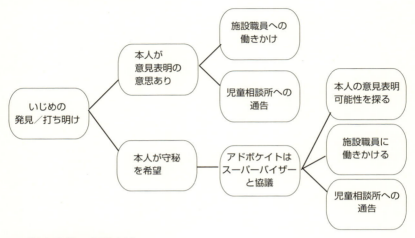

8　制度改善の実践方法

　子どもたちが抱える苦情や懸念の背景には、多くの場合システムの問題点がある。アドボケイトがそのことに気づいた場合に、施設にそれを伝え改善を求めることになる。特に障害児施設の場合は、第三者評価が義務化されていない。そのため、施設の構造的な問題をアドボケイトが指摘し、提案していくことがより重要である。職員へのインタビュー調査では、子どものニーズを知り、施設改善につなげたいという声もあった。システムアドボカシーはそうした声に応えることでもあり、権利に根差して施設の環境や支援の質を向上させる機会を提供することになる。

　「施設訪問アドボカシー利用契約書（モデル）」（第10章　資料1、187頁）においては、「（施設及びアドボケイト派遣団体は）アドボカシー活動の状況を踏まえて、利用者の人権の確保及び甲（施設）が提供する福祉サービスの質の向上のために、また施設訪問アドボカシー活動の評価と改善のために、システム検討会を開催する」（第11条3）と規定している。このシステム検討会は学期に1回程度定期的に開催し、施設の子ども委員、管理者（施設長等）、アドボカシー推進員、アドボカシー派遣団体管理者（アドボカシー派遣責任者・スーパーバイザー等）、アドボケイトが参加する。必要に応じて関係する施設

職員、利用者等も参加する。この検討会によって、システムの問題点及び改善策について話し合うのである。

　問題点及び改善策の検討に関しては、既存の権利擁護システムの活性化も重要な課題となる。「子どもの権利ノート」や第三者委員、意見箱、児童福祉司の訪問面接が既存の権利擁護システムとして存在するが、子どもたちにとって身近なものではなく、十分に機能していないことが懸念される。児童養護施設の子どもたちへのインタビュー調査から、「子どもの権利ノート」が配布されていない施設がみられることや、権利や第三者委員を知らないという実態が明らかになった。また大阪府内の障害児入所施設の約７割においては、「子どもの権利ノート」が配付されていない現状がみられた。調査研究報告会の参加者からは、「『子どもの権利ノート』は健常児を対象にして作成されたものであり、障害児にとって理解しやすい工夫がされていない」という課題が指摘された。また、障害児入所施設の施設長へのトライアル・インタビューにおいては、「携帯電話が持てないなど通信権が制限されているため、児童相談所に電話をかける際にも職員のサポートを得なければならない」という現状をうかがった。

　さらに子どもたちからは、意見箱に入れても対応が遅い、回答がない、意見箱を知らないという意見があった。子どもたちが活用できるにはどうすればよいのか、子どもたちと話し合い、改善を図っていくことが求められる。

　「施設訪問アドボカシー利用契約書（モデル）」（第10章　資料10－1、187頁）においては、第11条（年次報告書及び検討会）において、「1　乙（アドボケイト派遣団体）は年度ごとに施設訪問アドボカシーの活動状況に関する年次報告書を作成、公表する。2　乙は、施設訪問アドボカシーの活動状況に関する年次検討会を開催する」と規定している。報告会、報告書は広く公開するものであり、社会に対して制度改善の必要性を発信する機会である。また第12条（社会への提言活動）においては、「乙は、施設訪問アドボカシー活動の状況をふまえて、社会的な制度改善に向けた提言等の活動を行う」と規定している。たとえば、子どもたちへのインタビュー調査では、「児童相談所職

員に施設訪問の機会を増やしてほしい」という要望があった。子どもの声を受けて、訪問回数を増やしてもらうよう児童相談所に働きかけることも社会への提言活動としてのシステムアドボカシーの例である。このような社会への提言活動も、アドボケイトの重要な役割である。

アドボカシー実践事例11－5：意見箱を子どもたちに使いやすく

> 　アドボケイトの山口さんと佐々木さんは、子どもたちから「意見箱に入れても、返事が遅いし、どうせ何も変わらないから意味ない」という声を聴きました。中には、「意見箱って何？」という子どももいました。子どもたちが思いを伝えられる環境を整えるために、アドボケイトは職員と協議する「システム検討会」の際に、子どもたちが意見箱をもっと使いやすくするために改善することを提案して了承を得ました。
> 　アドボケイトは、意見箱のデザインや愛称、設置場所、意見箱の取り扱い方法などについて子どもたちと話し合いながら、改善を図りました。身長の低い子どもたちも意見箱に投書しやすいように低い場所に設置し、設置場所も人通りの少ない場所に置くことにしました。意見箱を開ける回数を増やし、応答する期限を設けて、以前より迅速に対応することとなりました。
> 　その結果、意見箱への投書数は倍増しました。職員さんも子どもたちのニーズを知ることができてよかったと話しています。子どもたちの思いのなかにあった「どうせ何も変わらない」というあきらめの雰囲気が、以前よりなくなってきたようにアドボケイトは感じています。

9　障害児アドボカシーの独自性

（1）非指示的アドボカシーの必要性とジレンマ

　イギリスの子どもアドボカシーサービスでは「アドボケイトは子どもと共有できない情報を知るべきではない」（Dalrymple 2013：53）という方針がとられている。また、「施設訪問アドボカシー利用契約書（モデル）」（第10章

資料10-1、187頁）第3条2に示されるように、「アドボカシーは利用者の意見と願いによって導かれる」という指示的アドボカシーが実践原則とされている。

　しかしながら、職員調査と児童調査のいずれにおいても、アドボケイトと障害児との関係づくりへの懸念が示されたことから、本人の思いを汲み取ることの難しさが、障害児アドボカシーの課題として改めて確認される。また、協力調査員として障害児へのインタビューに関わった障害当事者からも、アドボケイトが単独で短期間に子どもの思いを聴き、その背後にある状況について情報収集することの難しさが問題提起された。

　そこで、言葉以外のコミュニケーションを用いる子どもや、自分の好みや関心を表現することが難しい子どものアドボカシーにおいては、彼らの願いや気持ちを理解する方法を見つけながら（Dalrymple 2013：37）、子どもや職員に提案する非指示的アドボカシーが求められる。

　非指示的アドボカシーの実践においては、子ども一人ひとりの表現方法の特徴や日常生活の大きな変化などについて、事前に職員から情報収集することが必要となる。また、子どもの意見表明権がどのように侵害されているかを把握すると同時に、表情や仕草を観察しながら子どもの思いを汲み取り、「本人はこのような思いを伝えたいのではないか」と職員に提案する力量が求められる。

　しかしながら、アドボケイトが推察する子どもの思いの妥当性について確信が得られないことから、その実践過程においてジレンマに直面せざるを得ない。このことは「アドボケイトのスーパービジョン」の重要性を裏付けるものである。

アドボカシー実践事例11-6：不安な思いをどのように伝えたらよいかわからない

　ひまわり苑で暮らす子どもの多くが、特別支援学校高等部卒業後にグループホームに引っ越して、日中は生活介護事業所に通っています。高校3年生になったみきさんの進路についても職員会議で定期的に話し合

われるようになり、A 生活介護事業所を見学することになりました。

　A 生活介護事業所を見学した直後から、みきさんが自分の手を机や壁に叩きつける行動がみられ、それは掌が赤く腫れるほどの勢いでした。A 事業所への 2 回目の見学に同行したピアアドボケイトの田中さんは、ひまわり苑で昨年まで一緒に暮らしていた、つよしさんも A 事業所を利用していることに気づきました。ひまわり苑で暮らしていたときのつよしさんは、年下の子どもに対していつも命令口調で話しかけていました。もしかしたら、つよしさんと一緒に過ごすことになるかもしれないことに対して、みきさんは大きな不安を感じているのではないかと田中さんは考えました。

　そこで、田中さんは施設長に依頼して、みきさんと一緒に職員会議に出席する機会を創りました。A 事業所に見学したときの不安な様子を伝え、みきさんが慕っていた卒業生が利用している B 事業所への見学を提案しました。職員からも理解が得られ、B 事業所への見学を契機に、みきさんは手を叩きつける頻度が低くなり、落ち着きを取り戻しつつありました。

（2）障害者アドボカシーとの連続性

　自らの思いを言葉で表現することが難しく、自己表現や自己選択そのものに支援を要する知的障害児にとっては、複数の支援者がそれぞれの立場から本人の思いを代弁し、そのような代弁こそが支援の中核であるといえる。複数の支援者によるネットワークから外れた位置にあっては、アドボケイトの代弁機能が有効に機能するとは考えられにくいことから、立場上の違いを認識したうえで、他職種との連携が重要になる。

　外部検討会では、所属機関の役割にとらわれることなく、子どもの権利の保障という理念に根差して、アドボケイト、臨床心理士、弁護士、後見人、障害者相談支援専門員などが障害児を中心とするネットワークを構築し、個別の事例から制度改善に向けてはたらきかけるシステムアドボカシーを推進

していくことの重要性が指摘された。

　一方、イギリスの「2005年意思能力法」においては、知的障害者を含めた本人のもつ意思決定能力への確信に基づき、その力を回復していくエンパワメントの視点から、本人の主観的な利益を尊重する意思決定支援のあり方が志向されている。これは、専門職による最善の利益を優先する立場とは異なるものである。

　また、2014年に日本が批准した障害者権利条約では、判断能力が不十分であっても適切な支援により、その人なりの意思決定ができることが強調されている（髙山2015）。障害者権利条約との整合性を保つために改正された障害者基本法（2011）や障害者総合支援法（2012）においても、「意思決定の支援に配慮すること」が自治体や事業者に求められ、意思決定支援のあり方について検討されてきた。

　2017年2月には、厚生労働省の「障害福祉サービスの提供等に係る意思決定支援ガイドライン（案）」が公示され、パブリックコメントが募集された。このガイドラインでは、「障害者への支援の原則は自己決定の尊重であることを前提として」、以下のように意思決定支援を定義している。

　「意思決定支援とは、知的障害や精神障害（発達障害を含む、以下同じ）等で自己決定に困難を抱える障害者が、日常生活や社会生活に関して自らの意思が反映された生活を送ることが可能になるように、本人の意思の確認や意思及び選好の推定、最後の手段としての最善の利益の検討のために事業所の職員が行う支援の行為及び仕組みをいう」

　そして意思決定支援の枠組みは、「意思決定支援責任者の配置、意思決定支援会議の開催、意思決定の結果を反映したサービス等利用計画・個別支援計画（意思決定支援計画）の作成とサービスの提供、モニタリングと評価・見直し」の要素から構成されるとしている。

　障害者権利条約批准を受けての制度改善に向けて、「自己決定に困難を抱える障害者」の意思決定支援を相談支援の中核として位置づけようとしている点が、このガイドラインの積極的な意義である。一方このガイドラインに

は、障害児が意思決定支援の対象となることが示されていないこと、独立性のあるアドボケイトが本人の思いを聞き取り代弁する仕組みが位置づけられていないこと、意思決定過程で明らかになった社会資源の不足状況を踏まえて障害児者の地域生活を支援するための社会資源を開発する仕組みが位置づけられていないこと等の問題点がある。

　こうした動向を踏まえて、障害児入所施設で暮らす子どもへのアドボカシーサービスの導入にあたって、障害者の意思決定支援との接続可能性を視野に入れながら、サービス構築体制を整えていくことも今後の課題である。

文献

Dalrymple, J（= 2013, 平野裕二訳「子どもアドボカシーのジレンマと対処方法」堀正嗣編著『子どもアドボカシー実践講座』解放出版社, 36-51.

Faggot, R.（2012）*Lesson Plan – Nothing About Us Without Us: Introducing Disabilities Studies* (http://radfag.com/, 2016.3.4)

Harris. A・S. Enfield（2003）*Disability, Equality and Human Rights: A Training Manual for Development and Humanitarian Organizations*（= 久野研二（2005）『障害者自身が指導する権利・平等と差別を学ぶ研修ガイド』明石書店）.

堀正嗣・子ども情報研究センター編著（2013）『子どもアドボカシー実践講座』解放出版社.

Orford, J.（1992）*Community Psychology: Theory and Practice*. John Wiley and Sons（= 1997,=山本和郎監訳『コミュニティ心理学：理論と実践』ミネルヴァ書房）

髙山直樹（2015）「意思決定支援と権利擁護」『ソーシャルワーク』164, 28-34.

Voice（2010）『*INITIAL AGREEMENT*』

第12章　サービス提供の制度的基盤の確立

　これまで、施設で生活する子どもたちへの訪問アドボカシーの仕組みを検討してきたが、本章では、この新たなサービスを政策として提言する場合の条件を倉坂（2012）の示す枠組みに照らして検討するとともに、現在の既存の法制度のなかで、どのような位置づけになるのか検討し、新たな制度として実現できる可能性とその実施主体、そして今後の課題について考えてみたい。

1　新たな制度に向けた政策提言の条件

　既存の制度が置かれているなかで、新たなサービスを提言するための検討として、倉坂は、以下の7つの観点を示している。

①課題適合性…課題解決に十分に効果を有する程度の対策が確保できるか（政策の妥当性）

②技術的実行可能性…政策実行のために必要な技術が利用可能か

③社会的受容可能性…政策が社会に受け入れられるか（倫理的な問題も含めて）

④制度的整合性…他の制度、既存の制度との整合性

⑤費用効率性…より少ない社会的コストで実行できるか

⑥反作用の防止…その政策の効果を骨抜きにしてしまう動きが出てこないか

⑦副作用の防止…他の社会的課題を生み出すことはないか

　ここでは、まず特にこれらの観点の課題適合性と制度的整合性について検討していくことにする。それは、今回の私たちの調査研究の成果を現場の

職員の方々に報告した際に、現場からは、「そもそもアドボカシーとは何か」ということと「既存の制度との相違は何か」という疑問が多く寄せられたからである。

(1) 課題適合性

　課題適合性については、まず課題とは何かを明確にしておく必要がある。近年、施設で生活する子どもたちが職員からの虐待を受けることや、子ども同士での加害被害を受ける事案が散見され、国は被措置児童等虐待の定義を法定化し、その救済の仕組みを置いた。現場からの通告を受けて都道府県が対応し、国がとりまとめて報告書を公開しているが、全国社会福祉協議会がとりまとめた「児童養護施設における権利侵害の検証調査」(2009) では、権利侵害事件の発生に見られる特徴として、職員や組織次元の問題に加えて、権利擁護制度の機能不全（第三者委員や苦情対応のための運営適正化委員会が機能していない）が指摘されている。

　一方、児童養護施設等では、心理職の配置や施設の生活小規模化の推進など、施設入所の背景にある「養護問題の重さ」と「子どもが抱える負担」が、子ども虐待問題を背景に社会的に認知されはじめてきた。今回の私たちの調査でも、現場の職員が子どもへの権利侵害行為に対する是正意識を持ち、個別の子どもたちへの関わりの重要性を認識していることがうかがえたが、同時に子どもと直面している職員の負担感や困難も示された。

　このような現状のなかで、「子どもが抱える（声に出して言えないさまざまなこと）負担感覚を解消するための取り組みは十分なのだろうか」という問題意識から、子どもアドボカシーの取り組みに、次の2つの目的を置くことを提言したい。はじめの課題は、個々の子どもの声を丁寧に拾い上げて、おとなに届けていく、そこで子どもがひとりの人間としてエンパワメント（主体性の回復）されること、つまり「子ども一人ひとりの主体性の回復を支援する環境を創る」ということである。そして、もうひとつの目的は、「子どもの意見形成・表明力の支援」である。

現在、施設で生活している子どもたちの中には、親からの虐待を受けて、自分の意見が言えない抑圧された環境のもとで暮らし、施設に入所してからも言語で大人に向き合うのではなく、さまざまな行動化（Acting out）によって訴えようとする子どもたちがいる。そのような子どもたちに、訪問アドボカシーサービスを提供することで、子どもが言葉で意見を言うプロセスを支え、周りのおとなと折り合う体験を促すことで、子ども自身の対処能力を高めよう（対処能力の社会化）ということである。

これらの取り組みが、施設の子どもたちの顕在化している問題を低減し、また施設退所後の子どもが社会で生きる力を培うことができるのではないだろうか。

（2）制度的整合性

さて、前述のように倉坂は、新たな施策を提言するためには、他の制度、既存の制度では対応できていないということを確認することや、すでにある制度との整合性を検討する必要があるとしている。施設入所の子どもたちへのアドボカシーサービスに関連している既存の制度としては、「子どもの権利ノート」、苦情対応、被措置児童等虐待対応の制度などがある。しかしこれらは、子どもへの人権啓発と施設生活における人権尊重に基づく環境の整備、子どもからの苦情受け付け、子どもへの権利侵害事例対応として考えられるもので、「子どもの声」をきめ細かく聴く仕組みではない。

「子どもの声」の中身は、「気持ち」「考え」「希望」「苦情」などが込められていて、少なくとも苦情対応制度と被措置児童等虐待対応制度は、苦情・人権侵害事案に特化したものと考えられる。ただし、意見箱の取り組みには「希望」も含まれるし、また、「気持ち」や「考え」などは、現場で職員が子どもと向き合うなかで拾い上げられるものでもある。このように見ていくと、個々の子どもに寄り添いながら子どもの声を聴き、周りに代弁していくという取り組みは、いくつかの制度に分割されながら重複しているように映る。「子どもの声」を起点に、既存制度の整理をする必要があるのではないだろうか。

これはつまりは、アドボケイトの業務や役割を明確にするということにもなる。ここでアドボカシーが既存制度においてどのような構造を持つかを図12－1として整理をした。
　課題適合性のところで述べた課題、「子ども一人ひとりの主体性回復を支援する環境を創る」と「子どもの意見形成・表明力の支援」は、作成した図12－1では「自分の思いを聴いてもらえる」体験とアドボケイトが「自分のために動いてくれる」行動と子どものそういう感覚の中で培われる。これは従前の認識では、暗黙に既存の施設職員の対応に期待される部分であるが、しかし今回の私たちの調査研究でも、ひとりの施設職員が多くの子どもたちに対応している現状で、その多忙さゆえ、個々の子どもの声に寄り添うことができていないという自己反省が見られた。また、施設職員が子どもと衝突しあう当事者となることもあって、子どもと対立した時には、間に入って調整してくれる人の存在を、職員も子どもも求めていると表明された。
　さらに今回の私たちの研究結果について児童養護関係者に知らせた研究報告会では、「子どもの意見形成や表明力を支援することと、子どもが自由に意見を述べることができる環境を整えることは、一体的に進める必要がある」という指摘をいただいた。今の制度では、「子どもの権利ノート」や意見箱の取り組み、第三者評価の受審は、そのような風土を育てるために一定の役割を果たしていると考えられるが、「子どもの権利ノート」の取り組みでは、個々の子どもの意見形成と表明力をどこまで支援できただろうか。また、福祉サービス第三者評価の義務受審では、「今ここにある子どもの声」を起点に、子どもが意見を述べられる風土を丁寧に育てることに対応できているのだろうか。そして意見箱の成果の如何は、施設職員の意識と実践に委ねられていて、子どもが主体性を構築するところにまで至っていないのではないか。
　アドボカシーという取り組みは、子どもの権利（意見表明権、参加権）を保障し、子どもの言語的対処能力を支援することであり、外部からきめ細かに子どもの権利擁護風土を育てることに資すると考えられる。そしてその結果として、子どもが主体性を回復しながら施設での生活に参加し、自立に向け

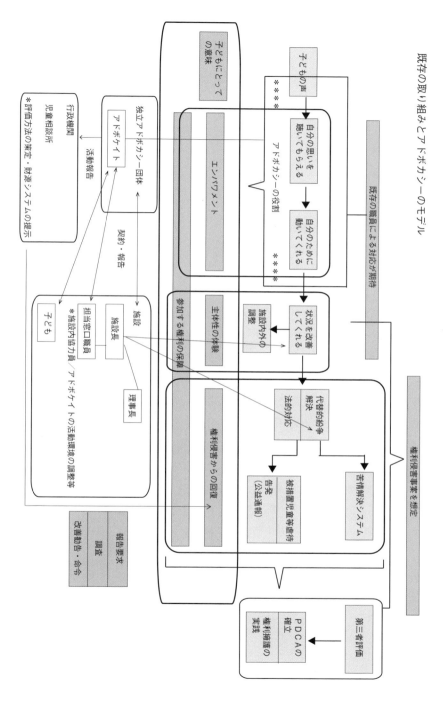

図12−1 既存の制度におけるアドボカシーの役割と構造

た力を培うことにつながる。これらを主目的とした取り組みは、既存の制度の中には見あたらない。

さて、制度的整合性を検討するうえで、既存の要保護児童の保護法制度において、子どもの施設入所がどのような性格を持ち、訪問アドボカシーの導入において、何に留意する必要があるのかをさらに検討しておく。

2　既存の制度における訪問アドボカシーサービスの位置づけと留意点
（1）児童養護施設入所措置の法的性格

ここではまず、要保護児童が入所する施設で、新たに訪問アドボカシーを導入する場合、措置権者と施設と保護者との三者関係において、どのようなことに留意すべきかを検討してみたうえで、訪問アドボカシーサービスの既存制度上の法的位置づけを考えてみることとする。

近年、社会福祉の現場では、サービスを利用したい当事者が申請をし、その適否を行政が査定したうえで利用ができるとなれば、利用者が福祉サービス提供事業者と対等の立場で契約を交わすという流れにある。たとえば高齢者福祉分野や障害者福祉分野では、利用者からの介護保険制度や障害者総合支援制度（障害者自立支援給付等）の利用・支給決定のための申請と市町村による決定を経て、事業者とサービス利用の契約を行う時は、事業者が示す「重要事項説明書」によって事業者の概要やサービスの内容について十分な説明がなされ、利用者と合意したうえで契約を交わすようになっている。そこで事業者が新たなサービスを導入する場合には、利用者や家族に再度説明をして、そのサービスを受けるかどうかの判断をしてもらい、場合によっては、費用も自己負担してもらうということになると考えられる。ここでは、当事者の任意性が最大限に配慮されている。

それでは、要保護児童の福祉を図る施設で新たなサービスを導入するには、他の福祉分野のように、その都度、子どもの保護者の同意を得る必要があるのだろうか。これを考えるときに、子どもの施設入所に関して、保護者と施設そして児童相談所の三者について、法制度がどのような関係を付与してい

るのかということと、措置委託施設が持つ子どもへの権限の内容は何かということを検討する必要がある。

そこでまず、法律が施設入所（行政処分）において、措置権者・保護者・施設にどのような関係を付与しているのかを確認する。

子どもの施設入所は、都道府県・指定都市・中核市等で設置している児童相談所が執り行うが子どもの施設入所の是非を行政が判断し、保護者に対して行政措置（処分）をするという性格であるとされている。そして行政が判断した種別の特定の施設に措置委託をするというかたちになる。その関係とアドボカシーサービスの位置を示したものが図12－2である。

要保護児童の施設福祉サービスについては、利用者である保護者が適切にその利用を申請するのか、特に子どもを虐待している保護者が子どもを施設に預けるという判断を適切にするのかという問題があり、行政が施設利用についての判断をする措置という制度が依然として残っている。もちろん保護者が子どもを施設に預けたいという場合もあるが、この場合は、児童福祉法第27条による保護者の同意のもとでの施設入所措置という手続きをふむので、子どもの福祉について保護者と児童相談所や施設との一定の合意があると考えられる。しかし保護者が子どもの施設入所を拒否している場合は、都

図12－2　措置委託制度におけるアドボカシーサービスの位置づけ

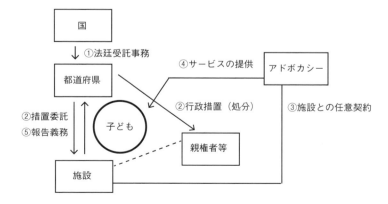

道府県の児童福祉審議会等の意見を聴聞して児童相談所長が家庭裁判所に子どもの施設入所の可否を問う児童福祉法第28条が適用され、家庭裁判所の承認が下りれば、保護者の意向に関わらず、児童相談所は子どもを施設に入所させることができることになっている。
　また、児童福祉法第30条の2では、都道府県知事は、児童福祉施設の長に、子どもの保護について、必要な指示をし、又は必要な報告をさせることができるとあり、これは措置後も措置権者の子どもの保護責任が継続していることを示している。つまり施設設置者は、アドボカシーサービスを導入していることや、その経過については、都道府県等に報告する必要があると考えられる。そして児童福祉法第45条では、施設設置者は、児童の身体的、精神的及び社会的な発達のために必要な生活水準を向上させる努力義務があるとされているので、アドボカシーサービスの利用が、これら生活水準を向上させるものであることを行政、施設設置者に認知、承認してもらう必要がある。
　本来、保護者についてもアドボカシーサービスの導入については、子どもの意見形成支援と思いを聴聞してもらえる機会であると認識し、同意をしてもらう必要があるとも考えられるが、個別の子どもたちの保護者に同意を得る必要があるかどうかは、先ほどの児童福祉法第28条措置の場合には、保護者にアプローチするのが困難な場合もある。
　すべての保護者に子どもの施設養育に関するサービスの同意を求めて取り組むというのは、保護者の親権や尊厳を護るうえで大事なことであるとは認識されるが、施設入所を拒否している場合の先ほどの児童福祉法第28条による施設入所措置では、保護者に対して子どもの接近禁止措置やそもそも子どもの居所施設の告知も親にされていない場合もあり、同意書を取るということは現実的ではないだろう。また、子どもアドボカシーサービスは、むしろ保護者が子どもの施設入所を拒否しているような子ども虐待家庭の子どもにこそ、その思いを聴き取り、拾い上げるための重要なサービスと考えられる。
　もし保護者に不服等がある場合は、社会福祉法第82条から第87条で置かれている苦情対応の制度での申し立てが担保されている。この苦情受け付け

の制度は、子どもだけでなく、保護者も申し出ることができる。また児童福祉法第47条第4項では、「児童等の親権を行う者又は未成年後見人は、措置を不当に妨げてはならない」とされているので、アドボカシーサービスを提供することによって、どのような具体的な不利益が生じているか、また保護者の訴えが「不当な措置」の妨げかどうかが問われることになる。

(2) 保護者の親権と施設長の親権代行との関係

それでは、保護者の持つ親権を考慮した場合に、子どもに対する民法上の親権と施設長との関係については、どのような規定になっているのだろうか。ここでは措置委託における施設の子どもへの権限の内容が、どのようなものなのかを確認する。

児童福祉法第6条の保護者の定義では、民法の親権を行う者、未成年後見人以外に、その他の者であって児童を現に監護する者としている。これは、子どもの福祉を図るうえで、子どもに責務を果たす者を広く想定している。

児童福祉法第47条第1項では、施設長の親権に関して「入所中の児童等で親権を行う者又は未成年後見人のないものに対し、親権を行う者又は未成年後見人があるに至るまでの間、親権を行う」とあるので、保護者のない場合に民法で規定されている監護・教育等の親権を代行するということになる。そして保護者のいる場合、実際にはそのような場合が多いが、同法第47条第3項では、「親権を行う者又は未成年後見人のあるものについても、監護、教育及び懲戒に関し、その児童等の福祉のため必要な措置をとることができる」とある。つまり保護者の家庭を離れて実際に子どもを保護している施設責任者である施設長に、監護や教育等に関して保護者と同等の責任が付与されていると考えられる。ただし、「その児童等の福祉のため必要な措置」となっているので、訪問アドボカシーという新たなサービスの導入が子どもの福祉のために必要な措置という前提がある。

つまり現状の仕組みの中では、施設長がその必要性を認識し、アドボカシーサービスを提供する機関と契約し、外部の第三者がアドボカシーとして子ど

もに関与することは、施設長の教育権、監護権の範囲内で可能であると考えられ、しかも施設長が提供機関との間で契約するので、民法における代理権の問題も発生しないと考えられる。たとえば児童養護施設では、大学生や社会人等のボランティアによる定期的な学習支援が行われているが、必ずしも保護者の同意書を取って行っているものでもない。

　ただし、子どもが予防接種を受けるときや子どもの入院治療には、その都度、保護者の同意を取っているが、一方、児童福祉法第47条第4項の「児童等の親権を行う者又は未成年後見人は、措置を不当に妨げてはならない」とあるのは、これは近年の子ども虐待の場合に、子どもの施設措置を阻害することや、子どもの医療的な処置を適切に対応しない親の医療的ネグレクトの場合を想定して書き込まれたもので、あくまで緊急避難的な事態の中での親権の制限を想定している。

3　訪問アドボカシーサービスの制度の実施主体と実現可能性

　ここまで、児童養護施設に新たなサービスとして子どものアドボカシーを導入するときの現在の制度的な基礎枠組みについて検討してきたが、ここでは、将来を考えたときのサービス実施主体とその実現可能性を考え、さらに今後の課題について検討する。

（1）国及び地方自治体による法制度化

　倉阪（2008、2012）は、新たな施策を創設するためには、引き金（trigger）……ある政策を検討しなければならないということを様々な関係者に理解させるためのきっかけを与える事件、事故、外圧、判決……が必要であると指摘している。

　国は、親からの子ども虐待による入所の増加や、施設に入所している子どもに対する職員からの加害、また子ども同士の加害被害など、子どもへの喫緊の権利侵害問題について、苦情対応の仕組み、施設内での子どもの行動化などの諸問題に対する個別対応職員や心理担当職員の配置、被措置児童等虐

待対応の仕組みづくり、福祉サービス第三者評価の義務化などの制度を矢継ぎ早に構築してきている。

　このようななかで現在、国は社会的養護の領域に力を入れている。特に現場では、永年の希望であった施設の生活規模の小規模化が推し進められ、家庭的な環境のもとで施設職員と子どもとの距離が近くなり、子どもの「思い」を聴きやすくなるかも知れないし、一方では逆に施設職員が子どもとの距離の近さゆえに子どもとの関係に疲弊することや生活がより閉鎖的になることも懸念されている。イギリスや北米のアドボカシー活動は、小規模のホーム等で生活する子どもたちを対象にしているので、今後、日本の施設が家庭的で小規模化されていくので必要はないというわけでもなさそうである。

　さて、このような訪問アドボカシーサービスの制度化を構想するにあたって、子どもの権利擁護に関する国の施策の動向は重要である。厚生労働省社会保障審議会児童部会「新たな子ども家庭福祉のあり方に関する専門委員会報告（提言）」は、以下のように、子どもの権利侵害を監視する第三者機関を都道府県・指定都市の児童福祉審議会（以下、審議会とする）の下に設置することを求めている。

　　審議会の子どもの権利擁護機能を担当する部門は、特に子どもの福祉に精通した専門家であり、公正な判断をすることができる者で構成される必要がある。審議会は、子どもや当該都道府県等内の要保護児童対策地域協議会の関係機関などからの申入れを契機とし、職権で審議すべきケースを取り上げることができるものとする。審議の対象は、当該都道府県等の機関の個別ケースに関する対応や措置、子ども福祉に関係する機関のあり方等を含み、個別ケースについて調査審議を行う際には、当該個別ケースに利害関係を有する者が調査審議に加わらないこととする。また、審議の結果、必要があれば、助言あるいは勧告を行うことができ、審議のために必要があるときは、新たに関係者から報告を求めることができるものとする。
（奥山他 2017）

こうした動向をふまえて、相澤は都道府県児童福祉審議会に新たに設置する「子ども家庭権利擁護委員会」と連携する「子ども権利擁護センター事業」として独立子どもアドボカシーサービスを位置づけることを提案している（図12－3参照）。これは第三者性を確保できるNPO法人等が児童家庭支援センターを設置し、そこを子ども権利擁護センターとして指定するものである。このような形での制度化が実現すれば、日本の児童福祉システムの中に、都道府県等レベルでの子どもの権利擁護機関と、それと連携したひとりひとりの子どもの個別ケースを支援する子どもアドボカシーサービスが位置付けられることになり、子どもの権利擁護に関する画期的な制度改善となる。ただ、独立性・権限・財源・人材がどのように確保されるかが課題となるが、相澤の提案に私たちは基本的に賛同するものである。

　国が制度化した場合、事業としての位置づけは非常に明確になる一方で、

図12－3　子どもの権利擁護（アドボカシー）システム（案）

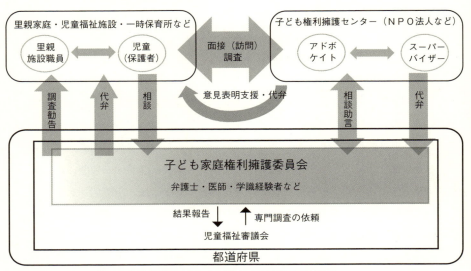

出典：相澤仁，第14回新たな社会的養護のあり方に関する検討委員会配布資料
2017（平成29）年5月26日配布18項

アドボケイトとして活躍する人材の質と量をどのように確保するかが大きな課題となる。将来、国や地方自治体によって制度化された場合には、アドボケイト養成の教育内容や提供団体について制度的枠組みが置かれることが想定される。たとえば社会的養護関係施設は、福祉サービス第三者評価の受審が義務化されたが、評価委員については、国が養成プログラムを作成し、国（具体的には全国社会福祉協議会）が研修を行うかたちで、各都道府県等が事業者の認可登録を行っている。また、子育て支援員については、国が養成プログラムを作成し、それを市町村に示して適合する団体に委託している。

（2）施設との関係における任意実施

今回の私たちの調査でも、被虐待の子どもの措置の増加、施設内における子どもの行動化などの問題を抱え、職員の増員は行われているものの、子ども一人ひとりに関わる時間が取れないなどの意見があった。また、子どもの権利についての意識が高く、開放的な施設では、アドボカシーの必要性を認識してもらっているようであるので、まずは先駆的な取り組みを、どこかの施設で試行することから始めるのが現実的かも知れない。

この章では、アドボカシーサービスの基本的な法的枠組みを検討したが、行政への説明と承認、報告を前提に、施設との間で提供団体が任意に契約をすることで実施することは可能ではないかと考えている。ただし、その時の課題としては実施のための「費用」を含めた継続性の問題がある。一時的な試行では、子どもたちにとって非常に失礼である。もし一時期のモデル的な試行の場合は、何よりも子どもたちに丁寧に説明する必要がある。

さて最後に、倉坂による他の検討事項について少し述べておくことにする。まず技術的実行可能性については、前述したアドボケイトの養成とスーパービジョンの体制づくりが問われるだろう。また社会的受容可能性については、児童養護施設に入所する子どもたちへの社会のさらなる理解とともに、施設入所している子どもたちだけでなく、子どもたちに普遍的なニーズが潜在し

ているのではないかという社会の理解も必要である。「費用効率性」については、どの程度の社会的コストを想定するか、またサービスが提供されないことによる遺失費用は、どの程度なのかといったこと、そして「反作用の防止」、「副作用の防止」では、図12－4で示すように、アドボカシー活動によって、子どもの声を届けたところ、子どもの家族問題に関わる内容や、代替的紛争解決や法的対応の必要な事案の場合に、アドボケイトが関わったときの反作用、副作用が起きてくるおそれがないかを留意する必要があるかも知れない。特に権利侵害事案の対応過程で、子ども間の加害被害事案の場合、行政が当事者双方からの事実確認の聞き取りが行われていることもあり、アドボケイトがどこまでどのように関わるかは検討を要する。

図12－4　アドボカシーの機能と検討事項

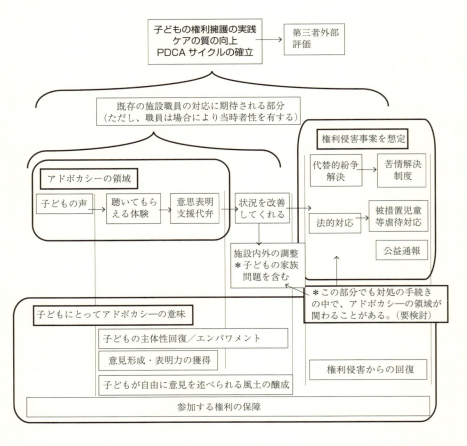

文献

倉坂秀史（2012）『政策・合意形成入門』勁草書房.

倉坂秀史（2008）『環境政策論　第2版』信山社.

森田朗（2007）『制度設計の行政学』慈学社出版.

社会福祉法人全国社会福祉協議会（2009）『子どもの迫組の本質と実践　社会的養護を必要とする児童の発達・養育過程におけるケアと自立支援の拡充のための調査研究事業　調査研究報告書』.

奥山眞紀子他（2017）『「新たな社会的養護のあり方に関する検討会」成果として提示すべき事項（案）――「社会的養護の課題と将来像」から「新たな社会的養育の構築」に向けて』第14回　新たな社会的養護のあり方に関する検討会　配布資料,2017年5月26s日.

あとがき

　本書は日本学術研究会「平成29年度科学研究費助成事業(科学研究費補助金)(研究成果公開促進費)」(課題番号17HP5187)により刊行するものである。また本書は「福祉施設入所児童への外部アドボカシー導入研究：ICAS提供モデルの構築」(日本学術振興会科学研究費助成事業・挑戦的萌芽研究[平成25～27年度]、課題番号25590151　研究代表者：堀正嗣)による研究成果である。私たちは、2016(平成28)年3月に、『福祉施設入所児童への外部アドボカシー導入研究：ICAS提供モデルの構築　研究報告書』(熊本学園大学堀正嗣研究室、150頁)を発行したが、本書はこの報告書に加筆修正を加えたものである。

　ICASとは「独立子どもアドボカシーサービス」(Independent Children's Advocacy Service)を指す。英国(イングランド・ウェールズ)では、施設内虐待の防止とケアの質の向上を目的に、2002年より基礎自治体に本サービスの提供が義務づけられ、大きな成果を上げている。本研究は、英国の制度と実践を範として、日本の児童養護施設及び障害児施設へのICAS提供モデルを構築することを目的として行ったものである。

　児童福祉施設に入所中の子どもたちの権利擁護の仕組みについては、「子どもの権利ノート」、苦情解決制度、第三者評価事業、被措置児童等虐待対応への取り組みなどが行われている。しかし、それにもかかわらず子ども同士の加害・被害、職員による子どもたちへの虐待等が生じ、子どもたちの権利が侵害されている状況も見られる。その背景には、従来の権利擁護の仕組みが十分に機能していないことや、子どもの問題行動等によって施設職員が疲弊している状況等が推察される。ICASの一部である「訪問アドボカシー」を導入することがこうした状況を改善する一助になると確信し、私たちは研究に取り組んできた。

　本書は、「第Ⅰ部　研究の概要と背景」、「第Ⅱ部　児童養護施設における職員子ども調査」、「第Ⅲ部　障害児施設における職員と子ども調査」、「第Ⅳ

部　日本型独立子どもアドボカシーサービス提供モデルの構築」の4部12章から構成されている。巻末に便宜上執筆分担を記載しているが、執筆者全員が調査方法の立案から分析に至るまで一連の調査過程に関与し、また各章の草稿を相互に検討して加筆修正を行ったり草稿を譲り合ったりした。そのため本書全体が執筆者5名による共著という性格を持っている。

　なお冒頭に「子ども向け調査報告書」を収録した。子どもたちに対して研究結果を届けたいという目的と共に、一般の読者の皆様にも本書の姿勢や目指すものをイメージしていただくのに役立つと考えたからである。「子ども向け報告書」は、インタビュー調査に協力していただいた児童養護施設・障害児施設で暮らす子どもたちにお届けしたものを基にしているが、子ども・職員の声がより正確に伝わるように「語り」を差し替えたり表現を変えるなどブラッシュアップしたものであることを付記しておきたい。

　本書の内容構成は、以下のような本研究の推移（詳細は第1章2参照）と対応するものである。

平成25年度	子どもアドボカシーに関する先行研究の検討と研究課題の明確化［第Ⅰ部第2章］ 英国のICASの制度と実践に関する検討［第Ⅰ部第3章］ 予備調査（児童養護施設・障害児施設・児童相談所）の実施［第Ⅱ部・第Ⅲ部］
平成26年度	児童福祉施設職員調査（児童養護施設・障害児施設）の実施［第Ⅱ部］
平成27年度	児童福祉施設入所児童調査（児童養護施設・障害児施設）の実施［第Ⅲ部・第Ⅳ部］ 日本型独立子どもアドボカシーサービス提供モデルの構築［第Ⅳ部］

　本研究は公益社団法人子ども情報研究センターの全面的なご協力を得て実施したものである。また、児童養護施設調査では児童養護施設を経験した若

あとがき

者などで運営されているCVV (Children's Views and Voices) スタッフの皆様に、障害児施設調査では自立生活センター等の障害当事者の皆様にご協力をいただいた。その結果、本研究は市民・当事者参画型研究として意義のあるものになったと考えている。さらに大阪府内の児童養護施設、障害児施設、児童相談所の職員の皆様方及び施設で生活する子どもたちには、長時間にわたるインタビューなど、多大なご協力をいただいた。その他、多くの児童福祉関係者・研究者・大学生・市民の皆様にご協力をいただいた。本研究にお力添えをいただいたすべての皆様に、心よりお礼を申し上げたい。なお巻末に「研究協力機関・協力者一覧」を収録しているので、ご参照いただければ幸いである。

　この研究に着手した当初は、施設の外部からの権利擁護サービスの導入という私たちの構想に、施設で生活する子どもたちと職員の皆様からの賛同が得られるかどうか不安も感じていた。しかしインタビュー調査を進めるなかで、多くの子どもたち及び職員の皆様からこのサービスへの期待や協力のお申し出をいただき勇気づけられた。調査結果から、児童養護施設・障害児施設にはICAS導入のニーズがあることが明らかになり、それをふまえてサービス提供モデルを構築することができた。この研究を通して、子どもアドボカシーサービスが日本の児童福祉施設において求められているサービスであり、実現可能なものであることを私たちは確認している。

　以上が本研究の成果である。他方、財源を含めた子どもアドボカシーサービスの制度化への展望を描くこととアドボカシー実践方法を開発することが現在の研究課題である。そのため、私たちの研究グループは、「障害児者入所施設における訪問アドボカシーシステム創出のためのアクションリサーチ」（科研費基盤研究（B）[平成29〜31年度]、研究代表者：堀正嗣）及び「児童福祉施設へのアウトリーチ型権利擁護システムの開発」（科研費基盤研究（C）[平成29〜31年度]、研究代表者：栄留里美）という2つの研究を進めている。また公益社団法人子ども情報研究センターは、厚生労働省「平成29年度 子ども・育て支援推進調査研究事業」「9　都道府県児童福祉審議会を活

用した子どもの権利擁護仕組み」が採択され、アドボカシーサービス制度化に向けた研究を行っている。本書に対して読者の皆様からの忌憚のないご批判、ご意見をいただき、今後の研究に生かしていくことができれば幸いである。

　また、本書を通して私たちの研究に関心を持っていただいた方々、ご協力いただける方々からご連絡をいただくことができれば大きな喜びである。本書の基となった『福祉施設入所児童への外部アドボカシー導入研究：ICAS提供モデルの構築　研究報告書』には本書には収録できなかったデータや関係資料も収録している。ご希望の方々には寄贈させていただきたいので、熊本学園大学社会福祉学部堀正嗣研究室にご連絡をいただければ幸いである。

　出版に際しては、解放出版社編集部の前島照代さんに一方ならぬお力添えをいただいた。記して謝意を表したい。

2017年6月

堀　正嗣

研究協力機関・協力者一覧 ［敬称略］

●協力機関
公益社団法人子ども情報研究センター
伊藤美樹・植田祐子・内山洋子・奥村仁美・白川季句子・橋本暢子・檜谷祐里・藤井浩子・山崎秀子・山下裕子

CVV（Children's Views and Voices）
新井智愛・槇　超・中村みどり

四天王寺大学 鳥海直美ゼミ 2015 年度在学生
朝田賢二・飯田規恵・垣本秀弥・加藤いづみ・加納　梓・川嶋祥太・衣川真央・小山貴広・阪本美沙希・澤田健太・塩路ゆか・前田大輝・松本彩奈・松本芳実・吉田沙織

●協力者（一部）
石田義典：自立生活センター・ナビ
太田啓子：立命館大学衣笠総合研究機構　客員研究員
奥田陸子：IPA 日本支部元代表，特定非営利法人子ども＆まちネット理事
小坪琢平：自立生活センター・ナビ
姜　博久：障害者自立生活センター・スクラム
鈴木千春：自立生活センター・あるる
長瀬正子：佛教大学
三井孝夫：自立生活センター・リアライズ
安原美佐子：自立生活センター・あるる
吉池毅志：大阪人間科学大学

執筆者紹介

●堀正嗣（ほり まさつぐ）（編者、第1章・第3章・第10章・第11章執筆）
所属：熊本学園大学　社会福祉学部
専門分野：子どもアドボカシー
主要業績：堀正嗣・子ども情報研究センター編著（2013）『子どもアドボカシー実践講座』解放出版社、堀正嗣編著（2011）『イギリスの子どもアドボカシー』明石書店、堀正嗣編著（2012）『共生の障害学』明石書店

●栄留里美（えいどめ さとみ）（第2章・第6章・第7章執筆）
所属：大分大学　福祉健康科学部
専門分野：社会的養護のアドボカシー・権利擁護
主要業績：栄留里美（2015）『社会的養護児童のアドボカシー──意見表明権の保障を目指して』明石書店、堀正嗣・栄留里美（2009）『子どもソーシャルワークとアドボカシー実践』明石書店.

●久佐賀眞理（くさが まり）（第5章執筆）
所属：長崎県立大学　看護栄養学部
専門分野：公衆衛生看護
主要業績：久佐賀眞理（2013）「思春期保健とピア活動」『ふみしめて70年』一般財団法人　日本公衆衛生協会 228-231、久佐賀眞理（2013）『中学卒業直後に出産した女性が抱える社会的不利』女性心身医学18（1）146-154

●鳥海直美（とりうみ なおみ）（第8章・第9章執筆）
所属：四天王寺大学　人文社会学部
専門分野：ソーシャルワーク
主要業績：鳥海直美（2017）「中高生の知的障害児が取り組む自立生活プログラムの開発——障害児の地域生活支援におけるアクションリサーチを通して」『四天王寺大学紀要』63，37-54．鳥海直美（2014）「学齢期の知的障害児への相談支援モデルの開発——〈子どもからはじめる個人将来計画〉を用いた相談支援のアクションリサーチ」『四天王寺大学紀要』57，269-289

●農野寛治（のうの ひろはる）（第4章・第12章執筆）
所属：大阪大谷大学　人間社会学部
専門分野：子ども家庭福祉
主要業績：農野寛治・合田誠共編著（2008）『養護原理』ミネルヴァ書房，N. ベイトマン著、農野寛治共訳（1998）『アドボカシーの理論と実際』八千代出版

本書は学術振興会科研費助成事業（JSPS KAKENHI Grant Number JP17HP5187）による出版助成を受け、出版されたものです。

障害などの理由で印刷媒体による本書のご利用が困難な方へ

　本書の内容を、点訳データ、音読データ、拡大写本データなどに複製することを認めます。ただし、営利を目的とする場合はこのかぎりではありません。

　また、本書をご購入いただいた方のうち、障害などのために本書を読めない方に、テキストデータを提供いたします。

　ご希望の方は、下記のテキストデータ引換券（コピー不可）を同封し、住所、氏名、メールアドレス、電話番号をご記入のうえ、下記までお申し込みください。メールの添付ファイルでテキストデータを送ります。

　なお、データはテキストのみで、写真などは含まれません。

　第三者への貸与、配信、ネット上での公開などは著作権法で禁止されていますのでご留意をお願いいたします。

あて先

〒552-0001 大阪市港区波除4-1-37 HRCビル3F 解放出版社
『独立子どもアドボカシーサービスの構築に向けて』テキストデータ係

テキストデータ引換券
『サービス構築に向けて』
6782

独立子どもアドボカシーサービスの構築に向けて

2018年2月1日　初版第1刷発行

編著　堀　正嗣

発行　株式会社 解放出版社
　　　大阪市港区波除4-1-37 HRCビル3階 〒552-0001
　　　電話 06-6581-8542　FAX 06-6581-8552
　　　東京営業所
　　　東京都千代田区神田神保町2-23 アセンド神保町3階 〒101-0051
　　　電話 03-5213-4771　FAX 03-3230-1600
　　　ホームページ　http://www.kaihou-s.com/

装幀　森本良成

印刷　株式会社デジタル・オンデマンド出版センター

Ⓒ Hori Masatsugu
ISBN978-4-7592-6782-2　NDC369.4　243P　21cm
定価はカバーに表示しています。落丁・乱丁はお取り換えいたします。